名师工程
名师教学手记系列

新课程·新理念·新教学
丛书编委会主任：马立 宋乃庆

唤醒生命的对话

孙建锋语文教学手记

孙建锋 著

西南师范大学出版社
全国百佳图书出版单位 国家一级出版社

图书在版编目（CIP）数据

唤醒生命的对话：孙建锋语文教学手记/孙建锋著
—重庆：西南师范大学出版社，2014.4
ISBN 978-7-5621-6705-1

Ⅰ.①唤…　Ⅱ.①孙…　Ⅲ.①中学语文课－教学研究
Ⅳ.①G633.302

中国版本图书馆 CIP 数据核字（2014）第 052798 号

名师工程系列丛书

编委会主任：马　立　宋乃庆
总策划：周安平
策　划：李远毅　卢　旭　郑持军　郭德军

唤醒生命的对话——孙建锋语文教学手记
孙建锋　著

责任编辑：任志林　毕海善
封面设计：天之赋设计室
出版发行：西南师范大学出版社
　　　　　地址：重庆市北碚区天生路 1 号
　　　　　邮编：400715　市场营销部电话：023-68868624
　　　　　http://www.xscbs.com
经　　销：新华书店
印　　刷：三河市九洲财鑫印刷有限公司
开　　本：787mm×1092mm　1/16
印　　张：12.5
字　　数：211 千字
版　　次：2014 年 7 月　第 1 版
印　　次：2014 年 7 月　第 1 次
书　　号：ISBN 978-7-5621-6705-1

定　　价：30.00 元

《名师工程》
系列丛书

《名师工程》系列丛书

征 稿 启 事

《名师工程》系列丛书是西南师范大学出版社策划、组织出版的大型系列教育丛书。丛书以新课程下的新教学为背景，以促进施教者的教育能力为落脚点，以提高教育质量、提升教师水平为宗旨。

丛书首批推出的"名师讲述""教学提升""教学新突破""高中新课程""教师成长""大师讲坛""教育细节""创新语文教学""教育管理力""教师修炼""创新数学教学""教育通识""教育心理""创新课堂""思想者""名师名课""幼师提升""优化教学""教研提升""名校长核心思想""名校工程""高效课堂""创新班主任""教育探索者"等系列，共150多个品种，其余系列也将陆续出版。为了让广大教师有一个交流、借鉴的机会，同时也为了给广大教师提供更多、更好的图书，《名师工程》系列丛书编辑出版委员会特向全国教育工作者征集稿件。

稿件要求：

1.主题鲜明、新颖，有独创性。

2.主题以提升教育能力为主，也可适当外延。

3.主题要有一定规模、有典型案例支撑。

4.案例要贴近教育实际，操作性强。

5.文章、书稿结构清晰，语言精彩。

书稿作者在选题确定之后，请及时与我们做好沟通，具体事宜确定好之后再进行创作；也欢迎用已经完稿的稿件投稿。一线教师如希望参与图书案例的创作，可联系我社策划机构，由策划机构备案，在适合的图书中参与创作。

真诚欢迎各位教师踊跃投稿。

联系方式：

西南师范大学出版社高教分社

电话：023-68254356　　E-mail：zcj@swu.cn

西南师范大学出版社高教分社北京策划部

电话：010-68403096

E-mail：guodejun1973@163.com

编者的话

当前，以人为本的教育理念正在逐步深化，素质教育以及基础教育课程改革不断推进。在这场深刻又艰苦的教育改革中，涌现了无数甘为人梯、乐于奉献的优秀教师。他们积极探索、更新观念、敢于创新、善于改革，在实践中创造性地发展、总结了很多先进的教育思想、教育理念；创造性地开发了很多新的教学模式、教学内容和教学方法。这些新思想、新模式、新方法在实践中极大地提高了教学质量，是教育改革实践中的新内涵和宝贵财富。这些优秀教师就是我们的名师，这些新内涵就是名师的核心教育力。整理、总结、发展、推广这些教育新内涵，是深化教育改革、完善教育体制、提高教育质量、提升教师水平的一件大事。

教育，是民族振兴的基石；教师，是教育发展的根基。

胡锦涛在全国优秀教师代表座谈会上指出："教师是人类文明的传承者。推动教育事业又好又快发展，培养高素质人才，教师是关键。没有高水平的教师队伍，就没有高质量的教育。"十七大报告又进一步强调了必须加强教师队伍建设，不断提高教师的素质。当今世界，社会进步一日千里，科技发展日新月异，知识更新的周期越来越短。教师作为"文明的传承者"更要与时俱进，刻苦钻研、奋发进取，尽快提升自身素质和能力，为推动教育事业的健康发展贡献自己的力量。

基于以上，西南师范大学出版社策划、组织出版了大型系列教育丛书——《名师工程》。希望通过总结名师的创新经验、先进理念，宣传名师的核心教育力，为广大教师职业生涯提供精神源泉和实践动力，在教育实践层面切实推动从教者职业素养的提升。通过《名师工程》实现"打造名师的工程"。

丛书在策划、创作过程中力求实现以下特色：

一、理念创新，体现教育的人本精神

教师角色在以人为本的教育理念下发生了重大的变化，教师的素质和能力也面临更高的要求。如何弘扬、培植学生的主体性、增强学生的主体意识、发展学生的主体能力、塑造学生的主体人格等问题成为教师在目前教育中亟待解决的难题。丛书以教育管理者和教师为主要读者对象，通过教师综合素质的提高而将人本教育的思想落实到教育实践中，真正实现教育培养人、塑造人、发展人的本质要求。

二、全面构建，系统提升教师的教育能力

丛书选题的最大特点就是系统、全面地针对教师教育能力的提升而展开。施教者的能力决定教育的效果，教育改革的落实、教育效果的提高无不体现在教师身上。丛书针对不同教育能力、不同教学要求、不同教育对象，有针对性地设置选题。棘手学生、课堂切入、引导艺术、班主任的教导力、互动艺术、课堂效率、心灵教育等等，这些鲜明的主题从教育的细节出发，从教育实际情况出发，有针对性地解决问题，让教师在阅读中学有所指、读有所获。

三、科学权威，体现教育的时代前沿性

丛书邀请全国各地著名的教育工作者执笔，汇集在教育改革与实践中涌现的先进理念、成果和方法，经过专家认真遴选、评点总结而成，代表了目前教育实践中先进的教育生产力，具有时代前沿性，是广大一线教师学习、借鉴的好素材。

四、注重实践，突出施教的实用价值

丛书采用了通俗的创作方法，把死板的道理鲜活化，把教条的写法改变为以案例为主，分析、评点为辅，把最先进的教育理念和方法融入有趣的情境中。经典的案例，情境式的叙述，流畅的语言，充满感情的评述，发人深省的剖析，娓娓道来、深入浅出，让教师更充分地领会先进、有效的教育方法。

在诸多教育、出版界同仁的支持与努力下，《名师工程》陆续推出了《名师讲述系列》《教学提升系列》《教学新突破系列》《高中新课程系列》《教师成长系列》《大师讲坛系列》《教育细节系列》《创新语文教学系列》《教育管理力系列》《教师修炼系列》《创新数学教学系列》《教育通识系列》《教育心理系列》《创新课堂系列》《思想者系列》《名师名课系列》《幼师提升系列》《优化教学系列》《教研提升系列》《名校长核心思想系列》《名校工程系列》《高效课堂系列》《创新班主任系列》《教育探索者系列》等系列，共150多个品种，后续图书也将陆续出版。

丛书在出版创作过程中得到各地、各级教育部门与教育工作者的大力支持与帮助，在此一并表示感谢！

教育事业是全社会共同的事业，本丛书的出版一方面希望能对广大教育工作者有所帮助，共飨先进成果；另一方面也是抛砖引玉，希望更多的教育工作者参与到出版创作中来，百家争鸣、百花齐放，为促进教育事业的发展共同努力！

自　序

　　生命肇始，是精子与卵子的对话；生命终结，是骨灰与坟冢的对话。握拳而来的第一声啼哭，是诗意盎然的对话；撒手而归的最后遗嘱，是心愿未了的对话。这其间熙来攘往，藕连着生命主体喋喋不休的对话。人类生生不息，对话绵延不止。

　　生活中的一切全是对话，语文的外延与生活的外延相等。因此，语文即对话，对话即语文。

　　对话语文，绕不开对话教学。对话教学是对话语文的实践精髓。

　　对话教学，是基于师生具有独立价值的主体之间的平等交流的教学活动。

　　对话教学，是对独白教学的挑战与革命。

　　独白教学尊奉一元、绝对、征服、排他，认为自己最正确、最权威，不同别人对话，不承认第二种声音，常常以一种无法企及的"上天的声音"来镇压学生"多种世界的声音"。

　　对话教学主张多元、相对、合作、兼容，承认不同意见和不同声音的存在，认为自己的思想只有同他人的思想发生对话之后，才能形成和发展，从而寻找和更新自己的语言表现形式，衍生新的思想。

　　对话教学有效开展的前提，是教师要善于把教材文本与其他文本联系起来对话。教材文本只有在与其他文本的相互关联与对话中才有生命，只有在诸文本的接触点上，才能迸发出火花，烛照过去与未来，实现真正意义上的对话。

　　对话教学有效开展的标识，是教师引领学生与文本对话，并在自我语境中萌生面向未来的新语境，感觉自己的内在生命在飞升中朝前迈出了新的一步。

　　对话教学有效开展的难点，是教师如何艺术地把不同声音结合在一起，不是简单地汇成一个声音，而是汇成一种合唱，使每个声音的个性都能得到完整保留而不失真。

　　对话教学有效开展的佳境，是教师与学生对话"若形之于影，声之于

1

响。有问而应之，尽其所怀，为天下配"。

对话教学不仅存在于具体的对话之间，而且存在于师生的各种声音之间，以及完整的形象之间。每一句话、每一个手势、每一次感受中，哪怕承受的物象并不多，仅一抹淡烟、一丝微影、一缕屐痕，但都有着"意弥深，味弥远"的对话回响。

当然，师生之间的对话关系不可以被简单地逻辑化，不可以被简单地归结为赞同或反对。有时，那些摈弃意味、阻绝思路、不循逻辑的对话"活句"更加充满张力，使得陈旧的语言变得字字珠玑，焕然一新，神光奕奕；有时，那种人与人、人与物、人与自己三位一体的对话更加和谐，使得生态课堂能够实现以内生态体验为核心的类生态、自然生态之间的圆融互摄。对话中，所有精神上的关系和所有被意识到的关系，以及正在被思考的关系，都是对话性的。

对话教学的旨归，不是教师对学生的灌输，而是师生相互唤醒。唤醒沉睡的心态与精神，唤醒崇高的使命与责任，唤醒甄别善与恶、真与假、美与丑的意识与良能，唤醒内心深处一个个重重的惊叹号！

孙建锋

2013 年 8 月

目 录

Contents

第一篇　对话之文本解读

　　文字显示声音，声音显示心灵的体验，心灵的体验显示心灵所关涉的事情。与心灵所关涉的事情对话，即与文本对话。

第二篇　对话之阅读教学

　　人的存在建基于语言，语言发生在对话之中，因此，人存在于对话中。阅读教学是学生、教师、文本与编者之间的对话过程。其对话过程是一种情感、态度、价值观的持存创建。这种持存创建只有通过对话并在对话中才能得以实现。

第三篇　对话之口语交际

　　好的口语交际教学，要做到清楚、准确、简单。

　　清楚，意味着教学目标清晰明确，清楚的标准有且只有一个——养人；准确，意味着教学信息准确，准确的标准有且只有一个——真理；简单，意味着教学操作可行，简单的标准有且只有一个——受用。

　　这就好比射击，目标要清楚，打击要准确，扣动要简单。

　　养人，就要给人时间，给人空间，让人自由生长。课上，教师要力所能及地把本该属于学生的最宝贵的时空还给学生。

　　真理，就要让人自己观察、自己探索、自己发现。课上，教师要用智慧引导学生用自己的眼睛看，用自己的脑袋想，用自己的嘴巴说，用自己的手写。

　　受用，就要心与心对话。课上，教师要用心呵护心，用心唤醒心，用心感动心，用心营养心。

第四篇　对话之习作教学

　　对话视野下的习作教学有四个追求：追求"真实""扎实""朴实""丰实"的教学风尚，追求形式简约、意蕴丰赡的教学环节，追求情趣第一、相机指导的教学艺术，追求首肯原创、"半肯"评价的教学欣赏。

第五篇　对话之锋眼看课

　　春蚕要经过几番脱皮，才能吐丝；毛虫要经过日夜破蛹，才能化蝶；为师要经过不断砥砺，才能成"家"。好课的每一次对话、每一个眼神都是在教师心智与灵魂的把握下出现的，而这种把握的精准度犹如帕格尼尼之于小提琴，他琴弦上发出的每一个音符都是心灵的颤动、感情的流泻。很难设想一个只有乒乓球般大小心灵的人，能够收获地球般的课。为地球摄像，得在太空遥望。一堂只能播下跳蚤的课，焉能奢望它收获龙种。

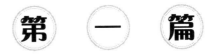

第 一 篇

对话之文本解读

　　文字显示声音，声音显示心灵的体验，心灵的体验显示心灵所关涉的事情。与心灵所关涉的事情对话，即与文本对话。

教师与文本对话， 是一种审判

与文本对话，到了一定的境地，与其说是你读文本，不如说是文本读你，读你是一个什么样的人。从这个意义上考量，文本读你，是一种审判。

一、审判你的"真""伪"

当你读《慈母情深》时，从"瘦弱的脊背弯曲着，头和缝纫机挨得很近"，读出母亲的瘦弱；从"立刻又坐了下去，立刻又弯曲了背，立刻又将头俯在缝纫机板上了，立刻又陷入了忙碌"，读出母亲的劳碌；从"掏出一卷揉得皱皱的毛票，用龟裂的手指数着"，读出母亲的贫苦……哪怕一字未漏，句句析微，终究难逃小情调单向度的"伪"对话窠臼。

《慈母情深》读你，建基在人类生命的高质量繁衍，离不开高素养的母亲这一文明背景。

俚语说得好："当官的爹不如讨饭的娘。"在一定程度上讲，现代社会比以往任何一个时代都更需要称职的母亲。真正认识到母亲在人类全部生活中的核心重要性，为女性提供健康的教育和最好的关怀——既为她们自己，也为人类的后代，这样才是真正的文明。

"七八十台缝纫机发出的噪声震耳欲聋""几只灯泡烤着"，作坊里的每只灯泡下，每台缝纫机前，不都坐着一位这样的母亲？是谁让母亲置身如此劣境？是谁让母亲如此辛劳？是谁让母亲如此饱受剥削？人类社会最大的剥削是对母亲劳动的剥削，王东华先生的真知灼见令人钦佩。人类最重要的生产，不是物质财富的生产，而是人类本身的繁衍生产——这恰是生产的本义！母亲的重要性就建基于此。既心知肚明母亲的重要性，又漠视两性平权且极度盘剥女性的一切行为，都是不文明的，甚至是野蛮的。

《慈母情深》读你，检测的正是一个人有无拯救母亲的原冲动、真情怀与大能耐。

二、审判你的"敬""亵"

袖筒里究竟有没有胳膊，最好的办法是触摸。《月光曲》读你，便是一

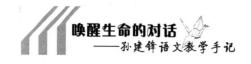
种触摸。

"有一年秋天，贝多芬去各地旅行演出，来到莱茵河边的一个小镇上。一天夜晚，他在幽静的小路上散步。"——走在幽静的小路上，便是走向内心的宁静，宁静引出的灵魂必是对天宇的深深敬畏。

"月光照进窗子，茅屋里的一切好像披上了银纱，显得格外清幽。"——清幽的月光，辉映万物，不偏不倚，循着月光，灵魂徐徐上升，越过幽幽太虚，直抵那万古之源，天地万物从那里泉涌不息。

敬天方知爱人——"贝多芬望了望站在他身旁的兄妹俩，借着清幽的月光，按起了琴键。""您爱听吗？我再给您弹一首吧。"

爱人，才有创作——"月亮正从水天相接的地方升起来。微波粼粼的海面上，霎时间洒满了银光。月亮越升越高，穿过一缕一缕轻纱似的微云。忽然，海面上刮起了大风，卷起了巨浪。被月光照得雪亮的浪花，一个连着一个朝着岸边涌过来……"

你的灵魂深处是饱含敬天爱人的大情怀，还是潜伏亵天恨人的小雕技，《月光曲》读你，便是一种触探。

三、审判你的"悲""喜"

你读《普罗米修斯盗火》，倘若读到"普罗米修斯为了解除人类没有火种的困苦，不惜触犯天规，勇敢盗取天火，并与主神宙斯不屈不挠斗争的无畏精神"的标准答案，便戛然而止，这便是把"悲剧"读成了"喜剧"。

《普罗米修斯盗火》读你，则意味着反躬自问：为什么要读《普罗米修斯盗火》？换句话说，就是要从本体上叩问为什么要读希腊悲剧。

为什么要读《普罗米修斯盗火》呢？它向我们昭示，生命虽然继续存在，像普罗米修斯一样，但是有生命就有痛苦。《普罗米修斯盗火》这个悲剧告诉我们，生命与痛苦是不能分离的。

我们为什么要读悲剧？悲剧对于人类具有非常特殊的意义。

在一般人看来，人活在世界上，由于受到时空的限制，往往只能活在一个小地方，或一段很短的时间，接触一些简单的人、地、事、物，有一些小小的利害冲突，小小的是非恩怨。然后心里记得很清楚，以为我就是专门对付这个人的，或专门应付某一件事的，结果人的生命就变得很狭隘，没有什么大的气象，好像人生下来就是琐碎地做一些小事情，过着平凡的生活，最后终究难免一死，如此而已。

事实未必如此，因为人类有一个共同的命运，这共同的命运是什么？答案就在希腊的悲剧里。希腊悲剧面对命运，所要表达的就是激发人的两种情感：第一是怜悯，第二是恐惧。

真正的怜悯不只是一种同情，而是一起承受痛苦，一如普罗米修斯并没有犯下什么错误，却承受了那么大的灾难，所以如果我们不跟他一起承受灾难的话，我们就有共同谋害他的嫌疑。当希腊悲剧带你进入一种特别的情境，直接面对命运的压力，这个时候你不再以个人为单位，而以人类为单位考虑问题，这是第一步。此时产生一种怜悯的心，愿意跟他人一起承担苦难。

第二步更重要，就是引发恐惧。恐惧，绝不是说欣赏悲剧让你害怕自己会变成普罗米修斯。事实上，你没有机会变成普罗米修斯，也不用担心老鹰会来吃你的肝脏。欣赏悲剧，绝不是害怕发生这种事情，而是通过悲剧的接引，体验到一种情感，扩张生命力。哪怕是一个生活在卑微世界里的人，也是有潜力的人，可以像普罗米修斯一样，起来向命运抗争。

悲剧读你，唤醒生命张力，摆脱桎梏，重新面对命运的任何挑战。

四、审判你的"硬""软"

《飞向月球》读你，重在叩问："人类为什么要飞向月球？"

回答这个问题之前，我们要接触一个人生哲学的根本性命题："天网恢恢，疏而不漏"。穹宇是牢笼，是天下社稷的无形的网，它宽弛而疏松，却无可逃遁。毋庸讳言，在这个世界上，我们每个人无一例外都是被判了无期徒刑的囚犯。人生世界是座大监狱，这座大监狱便是宇宙空间与时间构筑而成的。

这座大监狱既没有围墙，又有围墙。说它没有围墙，意味着我们置身的宇宙时间与空间是无形的，我们"呱呱"坠地，便落入其中，冲也冲不出去；说它有围墙，意味着"生、老、病、死"是人生大牢厚厚的墙，我们能够体验得到。

在大多数人的身上，"大监狱"意识是相当模糊的，只停留在潜意识之中。在少数人身上则很清晰，很强烈，希望冲决监狱。

人们冲决监狱的方式有两种：一是软冲决，一是硬冲决。

软冲决，就是在想象与心理状态中冲决。譬如，"平明登日观，举手开云关。精神四飞扬，如出天地间。……凭崖览八极，目尽长空闲。"这就是李白在想象中冲出天地牢狱的自由心理状态。

上下五千年人类文明之旅的本质，就在于对限制人类的宇宙"大监狱"进行冲决，一方面进行文化的软冲决，另一方面进行科学的硬冲决。

电话是对人耳限制的一种硬冲决；电视是对人眼限制的一种硬冲决；汽车、火车、飞机是对人腿限制的一种硬冲决；电灯是对光明限制的一种硬冲决；医学是对寿命限制的一种硬冲决……

那么登月呢？登月无疑是对人类只能局限在地球上活动的一种科学的硬冲决。阿姆斯特朗月球上的"一小步"，不就是对束缚人类"大监狱"硬冲决的一大步吗？

尽管阿姆斯特朗与奥尔德林身体登月的硬冲决是成功的，但我们仍然不能忽略他们心理登月的软冲决是否一样尽如人意。

1969～1972年，相继乘坐"阿波罗号"太空飞船登月的12位宇航员，开创了人类登上月球的第一步。当他们回到地球后，生活理应充满荣誉、掌声、鲜花、成功，甚至财富。也许最珍贵的还是，他们在五六十亿世界人口当中，是曾经从另一颗星球上回望过、眺望过和惊叹过地球的少数几个幸运儿。

但事实上，这些人的日子过得并不好。

阿姆斯特朗是第一个踏上月球的美国宇航员。回到地球后，他无法应对随之而来的名声。世界上许许多多的机构都邀请他回忆那个踏上月球的难忘时刻。但是他厌倦了世界旅行，厌倦了同各国使节、欧洲王室成员和达官贵人在一起相互碰杯的鸡尾酒会——他很难适应。他辞去了宇航员的工作，投身到航空航天研究中，后来他去一所大学任航天工程系教授，再后来他担任过航空电子贸易公司的顾问……最后他回到了自己的出生地——俄亥俄州的一个牧场，过着"只在此山中，云深不知处"的归隐生活。

奥尔德林是和阿姆斯特朗一起登上月球的人。回到地球，他难以适应。何况，他一再回忆在月球上行走时，曾有"灵魂出窍"的奇异感觉。这种怪异的感觉折磨了他一生，他患上了抑郁症，开始酗酒，并最终导致婚姻破裂。

欧文是登月舱驾驶员。他一直被"神秘感觉"折磨着。"月有万古光，人有万古心"，万古月易登，万古心难觅。万古心更深一层，更有一种神秘待我们解密！

"幽暗意识"提醒我们要结合人性、人心内部的缺陷来看待外部世界的问题，就人性做彻底的反思。很多不幸看起来是外部的灾难，但事实是由人本身的堕落和人性中的缺陷、堕落所造成的。人可以提高自己的人格，但归根结底，那是有限的。与之相反，人的堕落却可以是无限的。对于人性中幽暗的这一面，我们必须十分警觉，因为它能使即便像阿姆斯特朗这等带领人类"越狱"的硬冲决成功者，滑落为软冲决的失败者。冲决人生世界这座"大监狱"，"硬软"双赢是一个新课题。

五、审判你的"愚""智"

愚人诵千句，不解一句义；智者寻一句，演出百种义。

与"深蓝的天空中挂着一轮金黄的圆月，下面是海边的沙地，都种着一望无际的碧绿的西瓜。其间有一个十一二岁的少年，项带银圈，手捏一柄钢叉，向一匹猹尽力地刺去。那猹却将身一扭，反从他的胯下逃走了"对话，愚钝之举莫过于仅仅止于满足记诵诸如景美、人勇的空泛字符以应试。

其实，一切真正的艺术文本都是一个空筐结构，都是开放的。设若聪慧地以不同视角与这一文本对话，我们便可以收获多种智慧。

孤独——文本那万古不语的"海天"时空，给人的恰是一种孤独：人，在海边的沙地上会孤独；人，在圆月下也会孤独。大海和天空的孤独相加，是顶级的孤独。只有怀揣这种孤独才能"判天地之美，析万物之理"，也只有怀揣这种孤独才能走进"大乐"与"大礼"。"大乐与天地同和，大礼与天地同节。"

"片云天共远，永夜月同孤。"开放的艺术文本读的正是你的孤独：孤独的实质是一种浩博的胸怀。没有浩博的胸怀，何以接纳、收容那具有穿透力，可以同命运决一死战的伟大力量？

空灵——既是一个物理空间概念，又是一个心理空间概念。

"深蓝的天空"，是那样幽远、空灵；一望无际的"海边的沙地"，是那样迷远、空灵；在这天地的大空灵之间，一个"项带银圈，手捏一柄钢叉，向一匹猹尽力地刺去"的十一二岁的少年，仿佛接了天气、收了地气的一颗大心，正有韵致地跳动出一种清远和空灵。

天之空灵、地之空灵、人之空灵，合而为一，是天地人之大空灵。空灵既出，尘累顿消。

月亮——"深蓝的天空中挂着一轮金黄的圆月"，开篇为什么特写"月亮"呢？"每个人都有个故乡，人人的故乡都有个月亮。人人都爱自己的故乡的月亮。""我看过许许多多的月亮。在风光旖旎的瑞士莱芒湖上，在平沙无垠的非洲大沙漠中，在碧波万顷的大海中，在巍峨雄奇的高山上，我都看到过月亮，这些月亮应该说都是美妙绝伦的，我都异常喜欢。但是，看到它们，我立刻就想到我故乡那苇坑上面和水中的那个小月亮。对比之下，无论如何我也感到，这些广阔世界的大月亮，万万比不上我那心爱的小月亮。不管我离开我的故乡多少万里，我的心立刻就飞来了。我的小月亮，我永远忘不掉你！"

故乡的月亮对每个人都是一本翻不完的自传，一本似水年华的实录。故乡月下，埋藏着"我"永远难以忘怀的童年故事："下面是海边的沙地，都种着一望无际的碧绿的西瓜。其间有一个十一二岁的少年，项带银圈，手捏一柄钢叉，向一匹猹尽力地刺去。那猹却将身一扭，反从他的胯下逃走了。"那是雕刻在"我"心灵深处的记忆版画，那是藏在"我"生命源头的无尽宝藏。故乡的月亮——"我"童年故事的永恒见证人。

相对于阳光下的现实世界，月光底下的世界便成为艺术世界。故乡的月亮，宛如过滤器，一经过滤，在虚与实同在的恍惚中，在有与无交织的幻境中，在心与境合一的空灵中，"海边的沙地""碧绿的西瓜""项带银圈，手捏一柄钢叉，向一匹猹尽力地刺去"的"十一二岁的少年"，便蒙上了一层诗意、一层浪漫、一层梦幻、一层美感。那一片浸漫着故乡月光的海边瓜地，是"我"童年梦幻的境域，是我冲决"四角天空"逃往的田园，是"我"栖息在天地中的灵魂圣殿。

月本皎皎，清明纯纯；童稚之心，不染杂陈。"我"之童心与月之明心，难道不是同质同性？"明月直入，无心可猜"，圆满光华不磨莹，挂在青天是我心。

"圆"义——"圆月""西瓜""银圈"。文本里潜伏着一个人类伟大的图腾符号"圆"。

圆是一个时间概念。按年来说，是寒暑往来，四季分明，年年如此；按月来说，朔望盈亏，月缺月圆，月月如此；按日来说，昼夜交替，朝起暮落，天天如此。所以，在古人看来，时间好像就是圆的。

圆值得敬畏。它里面潜藏着一个 π，今天即便高速计算机已经能运算出 π 小数点后面的 500 多亿位数，它依然没有穷尽。π 的数值越精确，人类文明程度越高。π 里面有太多的奥妙、太多的美。π 的美，不正是圆的美吗？

在爱默生看来："眼睛是一个圆，它所形成的地平圈是第二个；在整个自然界里，这种基本的图形没完没了地重复着。它是构成整个世界的重要符号……我们终生都在解释这个第一图形的种种含义。"

圆圆的西瓜——海边的沙地，孵出多少圆圆的西瓜，就包孕多少圆浑的希望；圆圆的银圈——与其说那是一个金属器物，不如说那是一个美满的爱之信物；圆圆的月亮——有谁不渴望每天尽心竭力画成一个圆满的月亮？

童年的记忆美如圆月，它像狗一样忠实地追逐着人的灵魂，对人生具有支配性的意义。"问余何适，廓尔亡言。华枝春满，天心月圆。"

天堂无法胜利。文本读你，是在思想深处针对灵修的哲学审判，只有一审、二审……没有终审。

教师与文本对话的 "度"

教师与文本对话要把握"三度"，即精度、广度、深度。教师与文本对话要全面地看问题，抓住核心和关键，直达文本的本真价值。

一、精度

物理学意义上的精度，表示观测结果、计算值与真值之间的接近程度。其精度，可用国际公认的标准计量。

与文本对话的精度，意味着阅读理解的程度与文本本真价值的接近程度。其精度何以衡量？虽文本不一，内容各异，但万变不离求"真"。

譬如，我们读《坐井观天》——

青蛙坐在井里。小鸟飞来，落在井沿上。

青蛙问小鸟："你从哪儿来呀？"

小鸟回答说："我从天上来，飞了一百多里，口渴了，下来找点水喝。"

青蛙说："朋友，别说大话了！天不过井口那么大，还用飞那么远吗？"

小鸟说："你弄错了。天无边无际，大得很哪！"

青蛙笑了，说："朋友，我天天坐在井里，一抬头就看见天。我不会弄错的。"

小鸟也笑了，说："朋友，你是弄错了。不信，你跳出井口来看一看吧。"

短短二百余字的寓言，不少教师墨守成规，遵循教参，教到"比喻眼界小，见识少"的层面便满足了。

假设一个三年级的学生，如此死记硬背课文寓意，求得"背多分"，倒也无可厚非；而一个教师就此打住，日复一日、年复一年地将寓意定格，嘲讽一下"眼界小，见识少"者，便感到心满意足了，这与其说是"深入浅出"，不如说是"浅尝辄止"。为什么要这样说呢？

我们不妨了解一下乔哈里资讯窗。乔哈里资讯窗有四个象限。

第一象限：公开区——自己知道，别人也知道的资讯。例如，你的名字、发色。

第二象限：盲目区——自己不知道，别人却知道的盲点。例如，你的处

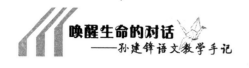

世方式，别人对你的感受。

第三象限：隐秘区——自己知道，别人不知道的秘密。例如，你的秘密、希望、心愿等。

第四象限：未知区——自己和别人都不知道的资讯。未知区是尚待挖掘的黑洞，它对其他区域有潜在影响。

有了乔哈里资讯窗的知识背景，我们求"真"的视界自然敞亮。

在寓言中，青蛙，隐喻"盲目区"；小鸟，隐喻"隐秘区"。青蛙与小鸟对话，意味着"盲目区"与"隐秘区"对话，旨在冲破"盲目区"，形成"公开区"。

处在"盲目区"的青蛙，仅仅被读者嘲笑一下，岂能算完美的"剧终"？被"盲目区"遮蔽的青蛙去蔽的路径在于，主动同异向信息携带者小鸟的"隐秘区"对话，跳出井口，这样不就扩大了自己的"开放区"？

与《坐井观天》对话，理解了"比喻眼界小，见识少"，仅仅懂得了"是什么"；理解了青蛙隐喻"盲目区"，小鸟隐喻"隐秘区"，便懂得了"为什么"；理解了"盲目区"与"隐秘区"对话，才能扩大"公开区"，便懂得了"怎么办"。

与《坐井观天》对话，"知其然"，更"知其所以然"，这是否已经向求"真"的精度更近了一寸呢？

二、广度

广度，意味着要善于全面地看问题。假设将问题置于一个立体空间之内，我们便可以围绕问题多角度、多途径、多层次、跨学科进行全方位的"立体对话"。

《全神贯注》是一篇四年级的课文。

法国大雕塑家罗丹邀请奥地利作家斯蒂芬·茨威格到他家里做客。饭后，罗丹带着这位挚友参观他的工作室。走到一座刚刚完成的塑像前，罗丹掀开搭在上面的湿布，露出一座仪态端庄的女像。茨威格不禁拍手叫好，他向罗丹祝贺，祝贺又一件杰作的诞生。罗丹自己端详一阵，却皱着眉头，说："啊，不！还有毛病……左肩偏了点儿，脸上……对不起，请等一等。"他立刻拿起抹刀，修改起来。

茨威格怕打扰雕塑家工作，悄悄地站在一边。只见罗丹一会儿上前，一会儿后退，嘴里叽里咕噜的，好像跟谁在说悄悄话；忽然眼睛闪着异样的光，似乎在跟谁激烈地争吵。他把地板踩得吱吱响，手不停地挥动……一刻钟过去了，半小时过去了，罗丹越干越有劲，情绪更加激动了。他像喝醉了酒一样，整个世界对他来讲好像已经消失了——大约过了一个小时，罗丹才停下来，对着女像痴痴地微笑，然后轻轻地吁了口气，重新把湿布披在塑像上。

茨威格见罗丹工作完了，走上前去准备同他交谈。罗丹径自走出门去，随手拉上门准备上锁。

茨威格莫名其妙，赶忙叫住罗丹："喂！亲爱的朋友，你怎么啦？我还在屋子里呢！"罗丹这才猛然想起他的客人来，他推开门，很抱歉地对茨威格说："哎哟！你看我，简直把你忘记了。对不起，请不要见怪。"

茨威格对这件事有很深的感触。他后来回忆说："那一天下午，我在罗丹工作室里学到的，比我多年在学校里学到的还要多。因为从那时起，我知道人类的一切工作，如果值得去做，而且要做得好，就应该全神贯注。"

课题，即文眼。文眼，集中表现在第二节的人物刻画上。

于是，教师与文本对话时，便对第二段情有独钟，精耕细作。先是观察罗丹的动作——"一会儿上前，一会儿后退……把地板踩得吱吱响，手不停地挥动……"；再是聆听他的语言——"嘴里叽里咕噜的，好像跟谁在说悄悄话……"；然后是凝视他的神情——"忽然眼睛闪着异样的光……情绪更加激动了……像喝醉了酒一样，整个世界对他来讲好像已经消失了……对着女像痴痴地微笑……"；最后是理解他全神贯注的工作状态。

如此，抓住重点段，紧扣关键词语与文本对话，往往被认为是扎实有效的教学。

事实上，牵一发而动全身的"点"并不在这里，而在于课文的最后一句——"我知道人类的一切工作，如果值得去做，而且要做得好，就应该全神贯注。"

抓住这句话中的"做好一切工作"与"全神贯注"的关系，就易于从"广度"出发，多角度、多途径、多层次、跨学科进行全方位的"立体对话"。

有人曾采访过一个优秀的棒球打击手："投出去的球时速都在一百公里以上，如何能打中那么快速的球呢？"

"棒球的速度虽然在一百公里以上，但是如果真正进入专注，投过来的球，就像电影里的慢动作一样，一旦能进入那最精确的状态，小小的球也像放大了好几倍，打中并不是难事。"

"这简直是超能力！"

"这不是超能力，而是突破了某种极限，极限的突破是来自一点点的天资和绝大部分的苦练。"

不仅体育，智育、美育也会有如此神奇的境界。

科学家从原子、质子、中子、夸克……一路看见那更细小的结构，细小在他们眼中是巨大。生命科学家从细胞组织到基因排列，揭开生命的许多谜题。

画家能分辨出一百种以上的色彩，绿中有绿，红中有红，这些都是平常人看不见的。

音乐家能听到花开的声音、阳光的声音、天堂的声音，声外有声，音外有音，所有的声音融合为天籁。

人人都有超能力，超能力来自全神贯注。

哥白尼无畏烈火焚身，依然全神贯注，提出了日心说；

哥伦布无畏风高浪急，依然全神贯注，发现了新大陆；

贝多芬无畏双耳失聪，依然全神贯注，创作了大量名曲；

弥尔顿无畏双目失明，依然全神贯注，创作了《失落园》。

……

全神贯注就像一滴水，我们看不出它的力量，但是，压扁了，利如钻刀，能切割最坚硬的大理石；凝固了，硬如钢石，能裂开最顽固的石块；汽化了，迅如奔马，能冲开滚动，创造最强的能源。

只有这样与文本"立体对话"，我们才能从更广阔的背景下比较全面地理解"人类的一切工作，如果值得去做，而且要做得好，就应该全神贯注。"

三、深度

深度，意味着与文本对话时，要善于深入客观事物的内部，抓住问题的关键、核心，即事物的本质部分，来进行由远到近、由表及里、层层递进、步步深入的"剥笋对话"。

譬如，与《秦兵马俑》的一段文字对话——

兵马俑规模宏大。已发掘的三个俑坑，总面积近20000平方米，差不多有五十个篮球场那么大，坑内有兵马俑近八千个。在三个俑坑中，一号坑最大，东西长230米，南北宽62米，总面积14260平方米；坑里的兵马俑也最多，有六千多个。一号坑上面，现在已经盖起了一座巨大的拱形大厅。走进大厅，站在高处鸟瞰，坑里的兵马俑一行行、一列列，十分整齐，排成了一个巨大的长方形军阵，真像是秦始皇当年统率的一支南征北战、所向披靡的大军。

假若，先找中心句——"兵马俑规模宏大"，再抓关键词——"规模宏大"，然后画出表现"规模宏大"的数字——"总面积近 20000 平方米""一号坑最大，东西长 230 米，南北宽 62 米，总面积 14260 平方米；坑里的兵马俑也最多，有六千多个"。接着读出"规模宏大"，最后设计一个 200 字的迁移仿写。

这种以纲为纲、以本为本的"经院式"对话，永远浮在文本的表层。只有逐步沉潜，层层深入，由外向内，由表及里，才能探究到文本的内核，才能垂听到文本的心音。

我们再来读一读"巴顿的墓碑"。

巴顿的墓碑立在欧洲腹地的海德尔堡的一个很大的广场上，广场上整齐地排列着 6000 个洁白的汉白玉墓碑。它意味着二战中牺牲在欧洲战场的 6000 名美军长眠于此。每一块墓碑上都极简洁地刻着一个军人的名字和他的生卒年月，巴顿的墓碑也是如此，他不因为自己是五星上将就制造什么特殊。生前与大家生死与共，死后与大家相伴相随。他始终生活在普通战士之中。如果说他所指挥的第三集团军是一片足以淹死一切强敌的浩瀚大海，那么，他情愿认定自己就是一朵最普通的浪花。

如果觉得帝王与将相不对等，我们还可以读一读"戴高乐的墓葬"。

有不少人以为，法兰西第五共和国的首任总统——戴高乐将军的墓地应该建在巴黎等繁华的大城市。然而，这位功勋卓著的老人安息在远离巴黎的科隆贝小镇。

科隆贝小镇距巴黎有数百公里之遥，那里离最近的火车站还有十多公里远，没有直达的公共汽车。同巴黎著名的拉雪兹等大的公墓相比，科隆贝双教堂的墓地显得平凡朴素。在墓群里，人们往往需要经过一番搜寻，才能在角落处找到戴高乐将军的墓。

戴高乐墓高出地面不到半尺，墓由白灰色的石头砌成，石面上刻着：夏尔·戴高乐，1890—1970。

这种砌墓用的石头是最普通的，常用来镶马路边。来参观的人大多发出这样的感叹："这种简朴平凡的方式把一位伟人的品德表现得淋漓尽致！"

1970 年 11 月 9 日，离 80 大寿不到两个星期时，戴高乐将军溘然长逝。早前，戴高乐将军留下遗言："不必大操大办，只在科隆贝双教堂的墓地里举行一个朴素的私人仪式。"按照戴高乐将军的遗愿，他的葬礼办得简朴而又平静，既没有乐队演奏哀乐，也没有人在教堂的弥撒上致辞。将军的棺木由一辆军车运抵教堂，然后由他的几位老乡（一名肉店伙计、一名奶酪铺掌柜和一名农场工人）抬进墓地，安葬在爱女安妮的墓旁。据说，戴高乐将军的棺木当时仅花了 72 美元。

我们在教学的过程中要与文本深入对话，探究本质和关键，进一步挖掘文本的深度。同为修墓，秦始皇是怎么想的，巴顿和戴高乐又是怎么想的？

如果说兵马俑展览的是等级，那么巴顿和戴高乐墓碑展览的则是无等级。秦兵马俑，规模宏大，私欲膨胀；巴顿和戴高乐墓碑，形式简陋，人格伟岸。也许会有不少人记住秦兵马俑，记住它昨天的故事和今天的"创收"；也可能会有更多的人像我一样记住巴顿，记住戴高乐，记住他们生前的经天纬地之才、惊天动地之功，记住他们死后那平凡朴素的墓碑留给后人的思考与警醒。巴顿与戴高乐无级别的墓碑折射的人格，是大写的人格，这种人格无国别。如果秦始皇地下有知，他会做何感想？我们认同兵马俑的文化价值与艺术价值，但同时也要审视其负价值，因为眼睛向下总是在古墓坑里打转的时候，别人已经眼睛向上，建造了宇宙空间站，正准备登上火星。

·············

有了"比色卡"，跳出单纯为应试而设计的所谓扎扎实实的"经院式"训练的窠臼，重新审视墓葬的本质含义，与文本对话就有了一定的深度。

如果说"兵马俑规模宏大"是一种美学，那也只是一种暴力美学。不论是中国的皇帝陵，还是埃及的金字塔，都是暴力美学的代表作。这种暴力美学，只关心一个人或几个人的灵魂。它一方面是崇尚"不死"，让某个人把自己的权势和荣华由生前延续到死后，由地上带到地下；另一方面是光大"正统"，序列辉照正统的，排斥贬黜旁出的。因此，中国帝陵都有"庙号"，埃及金字塔都有"称号"。"不死"关心的是自己生命的延续，灵魂的不朽；"正统"关心的是王朝生命的延续，一代，两代，乃至万代。

"秦始皇留下了长城，隋炀帝留下了运河，文景繁荣了文学，贞观培育了诗歌。暴政能创造工程上的奇迹，仁君则丰富一个民族的灵魂，从未经历暴政的民族很难宏伟，但不能结束暴政的民族不能久远。"吴稼祥先生的话深刻隽永啊！

有了"比色卡"，从历史、哲学、美学、人性的角度审视帝陵，走出遮蔽，敞亮视界，超越知识，走向智慧，与文本对话便有了足够的深度。

教师与文本对话的 "读"

一、"下水"朗读——教师与文本对话的首要条件

较之默读只有意义的感染，朗读多了一些优长：一是有了节奏和韵律的感染；二是其节律感有利于增强记忆；三是朗读不但有声音的感染力，还有形体动作与表情的感染力。从这个意义来说，朗读的体验效果是默读望尘莫及的。

因此，在备课时，即使没有明确的要求，教师也要有"下水"朗读的自觉意识与主观能动性。

课文冷暖读自知。"下水"朗读，在找找感觉、趟趟深浅、定定基调、酝酿感情的同时，重要的是还原文字的声音、色彩、味道、温度、质地、血肉、灵魂。一经复活了的浸透着生命余温的文字，便成了生命的美酒。美酒荡气回肠，悄悄地融入血液里，带着血性朗读垂范，方可有声有色，陶醉自己，陶醉学生。

二、读懂课文——教师与文本对话的底线要求

一篇课文，教师是否真正读懂了，除了自己心知肚明外，课堂上"晾晒"，是否捉襟见肘，便一目了然了。

假若教师对课文尚且懵懵懂懂便走向课堂，岂不是以己昏昏使人昭昭？

课文读懂与否，固然没有绝对权威与刚性指标，但总有一个"参照系"，就是有没有发现文本的诗心与文心，换句话说，就是有没有领悟文本中蕴藏的古今中外相通的、亘古不变的、充满人文情怀的普世情感、态度、价值观。

如何逼近这一"参照系"，试举《春夜喜雨》以抛砖引玉。

春夜喜雨

杜甫

好雨知时节，当春乃发生。

随风潜入夜，润物细无声。

> 野径云俱黑，江船火独明。
>
> 晓看红湿处，花重锦官城。

短短一首诗，区区 40 字，怎样才算读得懂？

从题入手，破题得知，春雨，是表现的对象；夜，是落雨的时间；"喜"则是感情的主线。那么，"喜"在哪里？因何而"喜"？这是衡量是否真正读懂文本的"参照系"。整首诗不着一"喜"，"喜"藏哪里？

回归诗句，品读首联"好雨知时节，当春乃发生"，方可知晓，"喜"是因春雨而起。但，雨又是下在夜里，既看不见，又听不见。从第二联"随风潜入夜，润物细无声"中的"潜"字可以推断，雨是悄然而至，是神不知鬼不觉而来，又因为它"细"，细如蚕丝，细到无声无息，细到听觉无可觉察。

那么诗人是怎样感觉到的呢？

在我看来，肉眼、肉耳关闭，诗人开启了心灵的眼睛和耳朵，即凭借自己明敏的内心去感受与想象细雨。一个"细"字，可见诗人内心敏感的端倪。诗人为何会对春雨有如此细腻、明敏的心灵感应呢？因为春雨是在"润物"啊！所润何物？固然是农作物。在那个"烽火连三月"的日子里，在那个"民以食为天""吃饭第一"的农耕时代，对于靠天吃饭的人来讲，"春雨贵如油"啊！有了天雨的滋润，农作物便有了生机，口中餐便有了指望。这是一场春雨，更是一场喜雨，与其说是下到地上，不如说下到心里。于是，诗人感雨思怀，欣喜之情油然而生。

只有心灵细腻的人，才能有这本来是不可感觉的感觉；只有内在感受明敏的人，才能为体验到作物的潜滋暗长而默然欣慰；只有心灵精致的人，才能为一场细雨泽被民众感到由衷的喜悦。

如果说上面两联的喜悦是内部的感觉，那么，下面两联的喜悦，则转换到外部感官上来。

"野径云俱黑，江船火独明。"色与光的反差比衬，凸显了雨夜之黑、灯光之暖、景象之美。

"晓看红湿处，花重锦官城。"昨夜不见雨，晓见雨湿花。一个"湿"字，显得花更鲜艳、更水灵，更有视觉效果上的"质感"；一个"重"字，显得红花更繁盛、更沉甸，更有视觉效果上的"量感"。与其说是"量感""质感"聚焦到花上，不如说是内心的喜悦移情到花上。

"喜而得之其辞丽：有时三点两点雨，到处十枝九枝花"；"失之大喜其辞放：春风得意马蹄疾，一日看尽长安花"。大过则弊，过犹不及；而不失法度，中和则美。诗人深谙此道，将一、二联"默默的、内在的、不形诸于色的喜悦"与三、四联"外在的、视觉的，因突然发现雨后鲜花的茂盛而传达出的情不自禁的、形诸于'花'的惊喜"，两相调和，使得整首诗洋溢着一种天降甘霖、繁花似锦、人心快慰的和合之美。

三、冷读课文——教师与文本对话的营养正餐

"读书万卷真须破，念佛千声好是空。多少英雄齐下泪，一生缠死笔头中。"读书，不能盲读。钱钟书先生的妙法之一："热读与冷读"。他曾幽默地说明，法国人热吃冷牛肉，英国人冷吃热牛肉。法国人有激情，对面前的美味可以大快朵颐，吃得痛快淋漓；而英国人讲究绅士风度，面对热气腾腾的牛肉，也要吃得慢条斯理，细细品味。

"慢条斯理冷吃"启示我们，冷读课文，意味着与文本对话时，面对精彩的章节，慢慢地、逐字逐句地咀嚼，才能读出韵味，读出智慧，读出情怀，读出营养。关于如何"冷读"，大家不妨试一试以下方法。

1. 举一反三式冷读

与"春风又绿江南岸"对话，要知晓王安石是锤字炼句的高手，他不仅"绿"字炼得经典，"补"字同样炼得曼妙。他的《江上》诗中有"春风似补林塘破"一句。"补"使得春风好像穿针引线的巧手，在草木稀疏的林塘上一阵阵拂过，所到之处一片碧绿，仿佛将脱落的草坪缝补起来，万木复苏的景象生动感人。"补"赋予了春风神奇的动感与魔力。

从"绿"出发，要能举一反三，知道古代诗文中更多精彩的炼字。

例如，黄庭坚有诗形容嫉妒贤能的人，"唯恐出己上，杀之如弈棋"。一个"杀"字，表现了嫉妒者的狠毒，以棋局上的厮杀形容宫廷里的争斗，效果惊心动魄。他的"高蝉正用一枝鸣"的"用"字，初曰"抱"，又改曰"占"，曰"在"，曰"带"，曰"要"，始定"用"。

再如，杜甫"归云拥树失山村"中的"拥"字、"飞燕受风斜"中的"斜"字、"身轻一鸟过"的"过"字，宋祁"红杏枝头春意闹"的"闹"字，张先"云破月来花弄影"的"弄"字，都有一段精彩的炼字佳话。

举一反三旨在举三反一，把握锤字炼句的目的，养成写作时自觉追求用字贴切生动的语言习惯。

2. 寻根探源式冷读

与《白鹭》对话："那铁色的长喙，那青色的脚，增之一分则嫌长，减之一分则嫌短，素之一忽则嫌白，黛之一忽则嫌黑。"笔法如此高妙的句子是横空出世的吗？这值得寻根探源。

读了宋玉的《登徒子好色赋》——"东家之子，增之一分则太长，减之一分则太短；着粉则太白，施朱则太赤。"恍然有悟，二者有如"双胞胎"兄弟。原来，郭沫若先生化用了宋玉反面描写美女的笔法。

无独有偶，拜伦写美女"多一分阴影，少一分光，那就会半损半伤"，表明美丽恰到好处，没有丝毫瑕疵，和宋玉的"太长""太短"的反衬笔法如出一辙。

后人从"着粉施朱"一句引申化用，就有了班昭的"调铅无以玉其貌，凝朱不能异其唇"，白居易的"不朱面若花，不粉肌如霜"，苏轼的"素面常嫌粉涴，洗妆不褪唇红"等，比起宋玉来，又多了几分艳丽的色彩。

如此寻根探源，不仅知其然，而且知其所以然。推陈出新，也是一条重要的写作方法啊！

3. "白鹭立雪"式冷读

与《第一场雪》对话，有时往往满足于了解雪后世界"银装素裹""粉妆玉砌"的物理形态美，甚至辄止于"瑞雪兆丰年"的文道合一。遗憾的是，缺失慧能去观照雪的普世襟怀——

"混二仪而并色，覆万有而皆空；埋没河山之上，笼罩寰宇之中。……既夺朱而成素，实矫异而为同。"意即，大雪磨灭了天地的色彩，掩盖了世间的万物，消灭了世间差异。于是，雪给予人间双重的含义，既掩盖了实像，又磨灭了幻象的差异。

这就是雪——"天地一笼统，世界无凹凸""填平世上崎岖路，冷到人间富贵家""化万殊而为一，见物情之大同"。

对雪有了如此慧识，便可提升一种认识的境界：白鹭立雪，愚人看鹭，聪者观雪，智者见白。

4. 现象本质式冷读

《孔子游春》中，有一段关于"水"的描写——

子路问道："老师在看什么呢？"

孔子说："我在看水呀。"

"看水?"弟子们都用疑惑的眼光望着老师。

子贡说："老师遇水必观，其中一定有道理，能不能讲给我们听听？"

孔子凝望着泗水的绿波，意味深长地说："水奔流不息，是哺育一切生灵的乳汁，它好像有德行。水没有一定的形状，或方或长，流必向下，和顺温柔，它好像有情义。水穿山岩，凿石壁，从无惧色，它好像有志向。万物入水，必能荡涤污垢，它好像善施教化……由此看来，水是真君子啊！"

水确实是真君子！人们每天喝水、用水。没有水，何来生命？水乃生命之源。

司空见惯的水，给人无尽的启迪与智慧——

水无形：杯方水方，杯圆水圆。可谓，大道无形。

水无味：放糖则甜，着盐则咸。然而，真水无香。

水柔软：天下柔者莫过于水，而能攻坚者又莫胜于水。

水低调：水往低处流，汇聚成大海。

水平静：静水流深，深不可测。

水滋养：到江送客棹，出岳润民田。

水含情：柔情似水。

水母性：女人是水做的。

水蕴道：上善若水，水善利万物而不争，故几于道。

唯有智者，才能透视水在柔静中蕴含的刚强；唯有智者，才能洞见水在谦卑中蕴含的伟大；唯有智者，才能领悟水在无争中蕴含的力量。

5. 广角多维式冷读

《掌声》《秋天的怀念》《海伦·凯勒》《轮椅上的霍金》……与这类文本对话，仅仅停留在"身残志坚"的基调上，是走不出线性、单向度视野的。教师要带着生活的积累与体验，走向文本。

每天上班的路上，我常常看到失去双腿的伤残人，用两只手支撑着身体，向前挪移……他们求生的欲望如此强烈，让健全的我好生感动，身上的那份倦怠与慵懒顿时被驱逐。残奥会开幕式上，我有幸看到四千多位残疾人聚集鸟巢，十分震撼。或盲，或聋，或哑，或独臂，或无臂，或跛足，或无足，或持拐，或轮椅，这些运动员们，都有一个共同的不幸——形体残障，但都有一个共同的表情——兴奋。

其实，世上没有绝对健全的人，即使神仙也难以幸免。八仙之一的铁拐李，不也跛了左脚吗？更何况是凡人。游走人间，事无全美，福无双至，人人都是跛了一条腿的人。每个人都是被上帝咬过的苹果，只不过，有的苹果格外香甜，上帝便多咬了一口。有形的残缺仅是残疾的一种，在一定的意义上，人人皆患有"残疾"。譬如，在运动场上，你跑不快，跳不高，看着那些矫健的身姿，心中只能徒生羡慕。再如，置身于一帮能歌善舞的朋友中，你身体笨拙，歌喉暗哑，你难道不感到有所缺失吗？

细细体会生活，慢慢领悟人生，再与文本中阐发的人文情怀达到心灵的契合，以无字的生活大书与有字的文本对话，才是一种值得追求的高妙的对话境界。

"冷读"之招，不胜枚举，可因文而异。囿于篇幅，只能挂一漏万，例说一二。

四、活读文本——教师与文本对话的"上位"追求

时空有限，阅历有限，知识有限。努力解放自我，从井底跳出来，和未知对话，解除遮蔽，开阔视野，敞亮内心，智慧人生，完善人性，是与文本对话的"上位"追求。

1. 活读文本，意味着从已知读出未知，突破局限

譬如，教学《圆明园的毁灭》，你可能知道它是皇家园林，也可能曾身临其境，但这并不妨碍反躬自问：它为什么叫圆明园？

在佛教看来，"圆明"用来形容阿赖耶识，意思是圆明的、完满的、光明的。阿赖耶识是人的八识之一，是精神的最高境界。人行走在这个世界上，接触到的、体验到的和知觉到的，一切都被保留在阿赖耶识里。

在儒家看来，圆明园的第一殿，就是"正大光明"殿，意思是体圆而光明，就是说，有形之体是周正的，而无形的内心之光是明亮的。

在道家看来，圆明之夜，应是合欢的良宵。然而，"十分月好，不照人圆""人有悲欢离合，月有阴晴圆缺，此事古难全"。

在西方人看来，圆明园是一个梦幻。英军上尉在巴黎展览抢掠圆明园的成果的时候，邀请雨果前往，这位浪漫主义文学大师回信道："艺术有两种起源，一是理想，理想产生欧洲艺术，一是幻想，幻想产生东方艺术。圆明园在幻想艺术中的地位，和帕台农神庙在理想艺术中的地位相同。……请想象一下，有言语无法形容的建筑物，有某种月宫般的建筑物，这就是圆明园。……如果说，大家没有看见过它，大家也梦见过它。"可见，在法国人那里，圆明就是梦想的意思，就是人类的想象力。

然而，就是这样一个如梦如幻的圆明园，最终却被付之一炬了。

2. 活读文本，意味着从未知读出未知，立体认知

与《圆明园的毁灭》对话，倘若教师一味地引领学生对火烧皇家园林的英法联军怨之镂心，恨之刻骨，甚至对引狼入室的汉奸"长恨绵绵无绝期"，徘徊在仇恨的圈子里，那么，这种阅读仍然是有局限性的、低效的。我们应该从井底跳出来，看看井外的天地。

1944 年，希特勒曾下令"火烧巴黎"，是谁说服司令官说"不"？

当年，盟军从诺曼底登陆后，一路横扫过来，德国法西斯头目希特勒担心巴黎难以守住，便接二连三给守卫巴黎的德军司令冯·肖尔铁茨发去命

令，让他在最后关头实行"焦土政策"，他还派爆破专家到巴黎，在众多著名的建筑物和桥梁下埋设地雷和炸药，等到守不住巴黎时，就把这个历史文化都市，连同它的辉煌建筑遗迹与艺术宝藏统统付之一炬。

希特勒在久久得不到肖尔铁茨将军的回答时，气急败坏地命令他，首先应该炸毁塞纳河上的所有桥梁，这样，至少可以阻止盟军挺进。所幸的是，尚有一点良知的肖尔铁茨将军经过反复琢磨，最终没有执行希特勒的命令，他只是在以军人的姿态作了一番象征性的抵抗之后，就向盟军和法国抵抗部队投降了。他没有引爆炸药，没有"焦土巴黎"，而是把一个完整的巴黎还给了法国人。

当然，这其中也离不开巴黎市长的斡旋。

那时，巴黎市长皮埃尔·泰丁格在德军巴黎战区司令官冯·肖尔铁茨的面前，看到了这位普鲁士军人要将巴黎夷为平地的坚定决心。趁着肖尔铁茨说得太激动而气喘咳嗽的当儿，他建议两人到外面阳台上聊聊。面对展开在他们面前的美丽城市，泰丁格向那个似乎没有感情的军人做了最后一次陈词："给一位将军的任务常常是毁坏，而不是保存。不妨设想将来有一天你有机会作为游客又站到这个阳台上来，再一次欣赏这些使我们欢乐、使我们悲伤的建筑物。你能够这么说：'本来我是可以把这一切都毁灭掉的，但是我把它们保存了下来，作为献给人类的礼物。'我亲爱的将军，难道这不值得一个征服者感到光荣吗？"

不战而屈人之兵，这应该归功于和平的威力，归功于人心所向，也应该归功于巴黎市长皮埃尔·泰丁格的良知良能。

3. 活读文本，意味着从读出的未知中解除遮蔽，敞亮视域

语言既是启示和照亮，也是迷惑与遮蔽。语言的神奇魅力就在于照亮和遮蔽的双重性。

固有的文本，是一种客观的语言存在，有启示和照亮，也有迷惑与遮蔽。譬如，《一只粗瓷大碗》记述了东北抗日联军的团政委赵一曼怎样把一只碗让给别人使用的故事。如果仅仅与文本对话，对赵一曼的人格认知就有很多的空白，这种空白或者说是未知，遮蔽了我们对这位具有伟大人格的英雄的深入了解。欲解除遮蔽，不妨读一读耿立的《遮蔽与记忆——赵一曼》。

1935 年冬天的一次战斗中，敌人的子弹打断了赵一曼的左腿，她昏倒在雪地里被俘……

大野泰治知道自己捕获了东北抗日联军的一个重要人物，决计亲自审问垂死的赵一曼，妄想套出有价值的东西。

大野不断地用鞭子把儿捅赵一曼的枪伤伤口，一点一点邪恶地往里旋转

着拧，并用皮鞋踢她的腹部、乳房和脸。一共折腾了两个小时，并没有获得有价值的应答。大野感到日本皇军的自尊受到一个中国弱女子的凌辱，对赵一曼的折磨不断升级，他们用尽了人们闻所未闻的各种酷刑：竹签钉满十指，拔出来后，再用更粗更长的签子继续钉，最后改用烧红的铁签扎；用辣椒水和着小米与汽油一起灌向赵一曼的喉管和鼻孔；还用烙铁直接摁在赵一曼的乳房上烙烫；甚至使用了即使是身强体壮的男子汉也忍受不了的类似凌迟般活剐——剥肋骨。为了使赵一曼屈服，敌人从日本运来专门针对女性设计的电刑刑具。大野指示行刑的日本特务不要有任何顾忌，直接电击赵女士身体最脆弱、最敏感的部位。电刑持续了7个多小时，赵一曼撕心裂肺的悲哀叫声不绝于耳；完全失禁、淋漓不绝，胃汁和胆汁全呕吐出来；整个人浑身上下湿淋淋淌着汗水，口中直流白沫，舌头外吐，眼球突凸，两眼变红，瞳孔微微放大，下嘴唇也被她自己的牙齿咬得烂糊糊的……

赵一曼从被捕到走上刑场历经9个月，在人间地狱经历了常人肉身难以想象的酷刑，但她宁死不屈。她似乎不再是一个肉身，而是一种神示，一种象征。侵略者可以杀死赵一曼，但不能杀死一种神示，一种象征。赵一曼这样的人的死，换回了我们民族的生。

战后，大野在战犯管理所里跪在地上忏悔，他说："我一直崇敬赵一曼女士，她是真正的中国女子，作为一个军人我愿意把最标准的军礼献给我心目中的英雄，作为一个人，我愿意下跪求得赵女士灵魂的宽恕。"

……

教师与文本对话，没有一成不变的范式，也没有定于一尊的标尺，但要秉有一种心智洞开的情怀，学会从静默的文字里谛听日升月落的呼吸、鸟兽虫鱼的叹息、风里云里的消息、已逝哲人的教诲、远方异族的灵慧。

教师与文本对话的误区

实践表明，教师与文本对话，但凡出现低效、零效，甚至负效的，皆与解读文本时走入下列误区有关。

一、错读

错读，意味着与文本对话时，不自觉地犯一些知识性错误。举例如下。

一次，某教师说课《静夜思》，饶有趣味地释解"床前明月光"："皓月偷偷地溜进窗来，悄悄地铺在李白的床前，宛如银色的地毯。"说者的语态、行态、情态很抢眼，想象力与渲染力很出色，表现力也很丰富。但遗憾的是，教师把"床"理解错了。

"床前明月光"中的"床"是否是现代就寝的床？这里的"床"，乃是"井床"，即井上的栏杆。做井床讲的床字，在唐诗中并不鲜见，譬如《乐府诗集·淮南王篇》中有"后园凿井银作床，金瓶素绠汲寒浆"，杜甫《冬日洛城北谒玄元皇帝庙》中有"风筝吹玉柱，露井冻银床"，李商隐《富平少侯》中有"不收金弹抛林外，却惜银床在井头"。这些诗句中的"床"均作"井床"讲。最能证明"床前明月光"之"床"为井床的，是李白本人《答王十二寒夜独酌有怀》中的诗句。

> 孤月沧浪河汉清，北斗错落长庚明。
> 怀余对酒夜霜白，玉床金井冰峥嵘。
> 人生飘忽百年内，且须酣畅万古情。

诗中展现的，就是李白在朗月静夜的井床边，独自望月的景象。诗人漂泊在外，孤独的时候最易怀古思乡。当然，李白在《答王十二寒夜独酌有怀》中怀的是古，《静夜思》中思的是乡。

> 床前明月光，疑是地上霜。
> 举头望明月，低头思故乡。

深秋，夜凉如水，井栏旁边，李白孑然一人，忽而举头遥望，忽而低头沉思。月光泻满大地，让人怀疑落了白霜。万木凋落，北雁南归，是回家的时候了，岂能不思故乡？

诚然，"井床"离现在的生活是远了一些。考证了的"井床"，自不必生硬地灌输给学生，但教师对文本中"床"的本意，要了然于胸。教师既不能穿凿附会，也不能望文生义，更要力避知识性的错误。当然，谁都不是全知全能的，每个人都有知识盲点，但教师的职责是破蒙与启智，不是重蒙与愚昧。学生可以容忍教师的苛刻，但不能原谅教师的无知。

二、误读

误读，意味着与文本对话时因循习俗、以讹传讹地解读文本。

譬如，一读到"春宵一刻值千金"，往往第一反应就是新婚之夜、两情融融。其实，这是对苏轼《春宵》的一种误读。

> 春宵一刻值千金，花有清香月有阴。
> 歌管楼台声细细，秋千院落夜沉沉。

其意为，春天的夜晚每一刻都价值千金呀！到处充满了花的清香，而明月下的影子也有各种意趣；远处的楼台歌唱与管弦的声音细细地流荡在空中，垂着秋千的院子在馨香与乐音中宁静而深沉。

这是一首意境悠远、"感觉全开"的诗："清香"是嗅觉，"月阴"是视觉，"歌管"是听觉，"夜沉沉"是身觉，"春宵一刻值千金"则是意觉。

教师与文本对话，设若眼、耳、鼻、舌、身、意的开关能够全面打开，文本的色、声、香、味、触、法就会明明历历，全入心田。那么，与文本对话，就会走向一种闻所闻尽、觉所觉空的"悟"读。

三、片面读

片面读，意味着与文本对话时盯在一处，所得受限。譬如，有一篇课文讲周处"除三害"的故事。

周处的故事写进了教科书，可以说家喻户晓，但是大家所知所晓到此为止，说故事的人只说了上半截。如果教师与文本对话仅此而已，难免只知其一，要想走出"片面"对话的误区，就要尽可能地扩大阅读视野。我们不妨读读旅美作家王鼎钧笔下的《半截周处》，这样对周处的了解就会更全面些。

原来周处在晋朝做到御史中丞。他为官忠直，把除三害的精神拿到朝廷上来，不懂除山中虎易，而除朝中害难。于是得罪了权贵。

有一年，边境叛乱，朝廷派梁王司马肜平乱，司马肜点名要周处参战。有人知道司马肜居心不良，劝周处别去，可是周处认为国家需要用人，他不能逃避责任。

到了战场上，司马彤下手报复。他把周处派到一个绝地，不予援助，结果周处力战而死，全军覆没。周处不避权贵，帮助司马氏保有天下，可是司马家的人不这样想。为了害死一个忠良，情愿打一次败仗，动摇士气民心，不惜血本。至于覆没的五千步卒，谁无父母，谁无兄弟，谁无尘世的贪恋，谁无生存的权利？他们纳粮当兵，敬畏官吏，何负于晋？司马家的人就更不会这样想了。

这后半截故事，大家同心协力，把它埋起来。有一年，某制片人想拍"除三害"，我表示了一点意见，我说周处的一生可拍成一部深刻的悲剧，我建议他一直拍到周处战死。他断然说："这样的电影我们不拍。"那时他懂，我不懂。现在我懂，你懂不懂？

至于是只给学生读《除三害》的周处，还是给学生"加餐"《半截周处》，这就要考验教师的判断力与抉择力了！

四、肤浅读

肤浅读，意味着与文本对话时读得一知半解，读得蜻蜓点水。

譬如，读《九月九日忆山东兄弟》，仅仅读到"独在异乡为异客，每逢佳节倍思亲"的层面，显然是肤浅的。因为"登高望远，悲从中来"是人类共同的心理，对话者并不一定真正谙悉，所以，有必要进一步探究。

遥想当年，孔子曾带领弟子登上农山，喟然长叹："登高望下，使人心悲。"为什么曾豪情满怀地感慨过"登泰山而小天下"的孔子，竟变得如此悲观消极呢？钱钟书认为这是全人类普遍具有的一种悲剧情怀，并把它命名为"农山心境"。

了解了"农山心境"的悲剧情怀，知晓沉郁的情绪只有通过登高才能得以排解与释放。登高之时，思忆深远，深远产生幽怨的情怀，其向往必定是高远的，而高远必定导致伤感。

理解了"农山心境"，就能读懂一切远离家乡无法回归的游子、被贬谪放逐的臣子，还有沉浸在情爱中的男女"登高望远，悲从中来"的情怀；就能读懂柳宗元"城上高楼接大荒，海天愁思正茫茫"的抑郁愁苦；就能读懂范仲淹的"明月楼高休独倚，酒入愁肠，化作相思泪"的缱绻情愫；就能读懂辛弃疾的"少年不识愁滋味，爱上层楼。爱上层楼，为赋新词强说愁"的怅然若失；就能读懂陈子昂"念天地之悠悠，独怆然而涕下"的宇宙意识与人类意识……

庄子有言："大人之教，若形之于影，声之于响。"对话教学中的师生关

系，如形与影自然亲和，似声与响相得益彰。与文本对话，要学生有感受，首先教师要有感受；要学生有体验，首先教师要能体验；要学生动情，首先教师要动情。

　　教师只有积极地走出与文本对话的误区，由错误到准确，由片面到全面，由肤浅到深入，由平面到立体，不断地超越生命的长度、心灵的宽度、灵魂的深度，准确而又灵慧地与文本对话，才能有能力、有品位引领学生与文本对话。

教师与文本对话： 从线性思维走向非线性思维

这法，那法，读不懂教材，毫无办法。于永正先生一针见血地指出读懂教材的重要性。读懂，读不懂，是相对而言的。倘若教师仅仅只能以"线性思维"与文本对话，"对话"不到位、不全面、不深刻，甚至不能从本质上真正读懂文本，各种问题便会纷至沓来。

那么，何为线性思维？

线性思维属于静态思维，是一种直线的、单向的、单维的、缺乏变化的思维方式。其特点有三：一是思维只按逻辑规则和既定秩序进行；二是思维结果唯一；三是思维方向单一。

以线性思维与文本对话，往往只满足于关注文本"有几个生字、词语，有几个难以理解的句子，有几种修辞方法，有哪些写作特点，主要内容与中心思想是什么"等关乎知识点与考点层面的信息。而这些被关注的信息，一方面来自权威——教参，另一方面来自指挥魔棒——考纲。以纲为纲、以本为本地与文本对话，行走的是字、词、句、篇的"直线"，看到的是教参标准答案的"单向度"，听到的是考纲刚性要求的"单维声"。如此这般教书30年，只不过是把第一年的备课重复了30遍而已。一如小猫转着圈儿咬自己的尾巴，以线性思维与文本对话，永远接近不了文本的本真意义。

教师应该怎样与文本对话，才能真正读懂文本呢？于是，我们想到了用非线性思维与文本对话。那么，什么是非线性呢？举个例子来讲，两个眼睛的视敏度是一个眼睛的几倍？很容易想到的是两倍，可实际是6倍～10倍！这就是非线性。

非线性思维，是指相互连接的，非平面、立体化、无中心、无边缘的网状结构，类似人的大脑神经和血管组织。通常在人的潜意识里完成的非线性思维属于右脑思维，它有助于拓展思路，看到事物的普遍联系，更真实地接近事物本体。所以，以非线性思维与文本对话才能达到本真意义上的读懂。下面，试以《风筝》与《慈母情深》为例谈一谈。

《风筝》，是一篇三年级的课文，我听过很多本课的现场教学，教师往往仅在"做"风筝、"放"风筝的快乐与"找"风筝的失落上引领学生与文本对话，终难跳出线性思维的窠臼。有一次，一个学生当堂质问教师："风筝

找不到了,孩子们为什么垂头丧气地坐在田埂上……"教师一时语塞。还有一次,一个学生当堂叩问:"风筝为什么不见了?"教师"挂了黑板"。

假若运用非线性思维与文本对话,真正读懂了《风筝》,这些问题可能就会迎刃而解,就不至于如此窘迫了。

我们不妨先在自己的"心空"中,多放飞几只"风筝"。

首先,我们可以放飞鲁迅的《风筝》——

北京的冬季,地上还有积雪,灰黑色的秃树枝丫叉于晴朗的天空中,而远处有一二风筝浮动,在我是一种惊异和悲哀。

故乡的风筝时节,是春二月,倘听到沙沙的风轮声,仰头便能看见一个淡墨色的蟹风筝或嫩蓝色的蜈蚣风筝。还有寂寞的瓦片风筝,没有风轮,又放得很低,伶仃地显出憔悴可怜模样。但此时地上的杨柳已经发芽,早的山桃也多吐蕾,和孩子们的天上的点缀相照应,打成一片春日的温和。我现在在那里呢?四面都还是严冬的肃杀,而久经诀别的故乡的久经逝去的春天,却就在这天空中荡漾了。

但我是向来不爱放风筝的,不但不爱,并且嫌恶他,因为我以为这是没出息孩子所做的玩艺。和我相反的是我的小兄弟,他那时大概十岁内外罢,多病,瘦得不堪,然而最喜欢风筝,自己买不起,我又不许放,他只得张着小嘴,呆看着空中出神,有时至于小半日。远处的蟹风筝突然落下来了,他惊呼;两个瓦片风筝的缠绕解开了,他高兴得跳跃。他的这些,在我看来都是笑柄,可鄙的。

有一天,我忽然想起,似乎多日不很看见他了,但记得曾见他在后园拾枯竹。我恍然大悟似的,便跑向少有人去的一间堆积杂物的小屋去,推开门,果然就在尘封的什物堆中发现了他。他向着大方凳,坐在小凳上;便很惊惶地站了起来,失了色瑟缩着。大方凳旁靠着一个胡蝶风筝的竹骨,还没有糊上纸,凳上是一对做眼睛用的小风轮,正用红纸条装饰着,将要完工了。我在破获秘密的满足中,又很愤怒他的瞒了我的眼睛,这样苦心孤诣地来偷做没出息孩子的玩艺。我即刻伸手折断了胡蝶的一支翅骨,又将风轮掷在地下,踏扁了。论长幼,论力气,他是都敌不过我的,我当然得到完全的胜利,于是傲然走出,留他绝望地站在小屋里。后来他怎样,我不知道,也没有留心。

然而我的惩罚终于轮到了,在我们离别得很久之后,我已经是中年。我不幸偶而看了一本外国的讲论儿童的书,才知道游戏是儿童最正当的行为,玩具是儿童的天使。于是二十年来毫不忆及的幼小时候对于精神的虐杀的这一幕,忽地在眼前展开,而我的心也仿佛同时变了铅块,很重很重地堕下去了。

但心又不竟堕下去而至于断绝，他只是很重很重地堕着，堕着。

我也知道补过的方法的：送他风筝，赞成他放，劝他放，我和他一同放。我们嚷着，跑着，笑着。——然而他其时已经和我一样，早已有了胡子了。

我也知道还有一个补过的方法的：去讨他的宽恕，等他说，"我可是毫不怪你呵。"那么，我的心一定就轻松了，这确是一个可行的方法。有一回，我们会面的时候，是脸上都已添刻了许多"生"的辛苦的条纹，而我的心很沉重。我们渐渐谈起儿时的旧事来，我便叙述到这一节，自说少年时代的胡涂。"我可是毫不怪你呵。"我想，他要说了，我即刻便受了宽恕，我的心从此也宽松了罢。

"有过这样的事么？"他惊异地笑着说，就像旁听着别人的故事一样。他什么也不记得了。

全然忘却，毫无怨恨，又有什么宽恕之可言呢？无怨的恕，说谎罢了。

我还能希求什么呢？我的心只得沉重着。

现在，故乡的春天又在这异地的空中了，既给我久经逝去的儿时的回忆，而一并也带着无可把握的悲哀。我倒不如躲到肃杀的严冬中去罢，——但是，四面又明明是严冬，正给我非常的寒威和冷气。

与鲁迅的《风筝》对话，抓住第六节的一句话"游戏是儿童最正当的行为，玩具是儿童的天使"。难怪放风筝的孩子快活地一边奔跑，一边喊叫……风筝断线了，飞跑了，找不到了，"天使"消失了，他们能不伤心吗？以至于他们垂头丧气地坐在田埂上……

其次，我们还可以放飞林晓燕《挂在墙上的童年》里的"风筝"——

妈妈说我终于变好了，变得沉默了。是吗？顿时我的心汹涌澎湃，因为它勾起了我对往事的回忆……

小学的我一直改变不了放纵的天性，学习成绩常落得"大红灯笼高高挂"，爸妈对此也采取了很多措施，但收效甚少。

有一次，我被小伙伴手中的风筝迷住了。回到家，我绞尽脑汁花了近一个星期才把风筝做完，这只风筝虽然粗糙、丑陋，但毕竟是我亲手做的，所以我格外珍惜。正在兴奋之时，爸爸推开门，见状，脸上立刻"晴转多云"。"拿来！"爸爸厉声命令我，我紧紧把它搂在怀里，爸爸一把夺过风筝，就要撕。"不要撕，不要撕……"我苦苦地哀求着。于是爸爸搬来了梯子，把风筝挂在高高的墙上，严厉地说："以后不许碰它，除非你考第一！"

从那时起，我明白了，童年已不属于我了。于是我收敛了一切贪玩的行

为，开始了全新的学习生活，从此，我变得沉默了。

终于，我考了全班第一。爸妈脸上露出了久违的笑容。可他们不知道，女儿的脸上有多少疲劳和无奈啊！

在以后的日子里，我经常得第一，可谁也没提起那个可怜的风筝，那个未能翱翔的风筝。

几年过去了，当我从墙上取下它时，它已破旧、发黄，粘满蛛丝。看着它，我禁不住哭了，为我不幸的童年哭泣，因为别人的童年是在欢乐中度过的，而我的童年却被挂在了墙上。

与林晓燕的《挂在墙上的童年》对话，学生的疑问"风筝，为什么不见了"便清晰地浮出了水面——原来，风筝被一只只厌恶孩子玩耍的手撕掉了，或者挂在了墙上。

再者，我们还可以放飞《童年价值》里的"风筝"——

在人的一生中，童年似乎是最不起眼的。大人们都在做正经事，孩子们却只是在玩耍，在梦想，仿佛在无所事事中挥霍着宝贵的光阴。可是，这似乎最不起眼的童年其实是人生中最重要的季节。粗心的大人看不见，在每一个看似懵懂的孩子身上，都有一个灵魂在朝着某种形态生成。

对聪明的大人说的话：倘若你珍惜你的童年，你一定也要尊重你的孩子的童年。当孩子无忧无虑地玩耍时，不要用你眼中的正经事去打扰他。当孩子编织美丽的梦想时，不要用你眼中的现实去纠正他。如同纪伯伦所说："孩子虽是借你而来，却不属于你；你可以给他爱，却不可给他想法，因为他有自己的想法。如果你执意把孩子引上成人的轨道，当你这样做的时候，你正是在粗暴地夺走他的童年。"

鲁迅、林晓燕、周国平的"风筝"，与教科书中的"风筝"，在我们的"心空"放飞、对话，我们读到的《风筝》，还仅仅是风筝吗？

不！风筝是儿童玩具的隐喻。换句话说，放飞风筝，便放飞了孩子的童年；没收了风筝，便没收了孩子的童年；撕毁了风筝，便撕毁了孩子的童年！

用相互勾连、相互开启、相互融合的非线性思维与文本对话，不仅可以在文本与文本之间展开，还可以在同一文本内部进行。

譬如，若干次听教师教学梁晓声的《慈母情深》，遗憾的是千课一面，都落脚在"情"怎样"深"上。"情"为什么"深"？便鲜有人读懂了。究其因，乃是"线性思维与文本对话"。假若以非线性思维与文本对话，我们就会重新发现母亲！

第一个层级的发现，母亲是个"苦"母——她工作环境噪音大："七八十台缝纫机发出的噪声震耳欲聋";温度高:"周围几只灯泡烤着我的脸"。经年累月在这样的环境下工作,母亲的脊背弯曲了,手指龟裂了,"掏出一卷揉得皱皱的毛票,用龟裂的手指数着"。……工作着实辛苦啊!其实,每个家庭、每个母亲都很辛苦啊!有人说,天底下有一条苦不尽的河流,叫母亲。

第二个层级的发现,母亲是个"慈"母——无怨无悔地供养孩子吃穿,这就是慈母。如此慈母,天下不计其数,但仅靠"劳其筋骨,饿其体肤"能解放自己,解放孩子吗?

第三个层级的发现,母亲是个"圣"母——"爱孩子连母鸡都会",更高质量的爱是发现孩子的兴趣、尊重孩子的兴趣、激发孩子的兴趣、点燃孩子的兴趣,如"母亲却已将钱塞在我手心里了,大声对那个女人说:'我挺高兴他爱看书的!'"一句。

书中自有"生产力",让孩子读书,就是为了解放生产力,解放千千万万个像母亲一样从事技术含量低、流血流汗多、经济收入少的劳动者的生产力!

母亲可能不识字,但是她懂教育;母亲不是作家,但是她成了作家的母亲。这样的母亲,难道不是圣母?

有了圣母,便有了圣子。不是吗?圣母给了圣子一本《青年近卫军》,圣子便还圣母短篇小说《这是一片神奇的土地》《父亲》、短篇小说集《天若有情》《白桦树皮灯罩》《死神》、中篇小说集《人间烟火》、长篇小说《浮城》《一个红卫兵的自由》等著作。

与文本非线性对话,我们不仅读出了"苦母""慈母""圣母"的情深似海,同时还读出了"学子""孝子""圣子"的情满人间。慈母情深,不仅"深"在母亲单向度地朝儿子"注射"母爱,而且"深"在儿子理解母爱并"报得三春晖"。

教师与文本对话：何不肉眼、天眼齐观

教师与《两个铁球同时着地》对话，若以肉眼观之，对话的旨归不外乎"能识会写课文的12个生字，根据上下文理解'信奉、固执、胆大妄为'等重点词语的意思；正确、流利、有感情地朗读课文，了解两个铁球同时着地的实验过程，学习伽利略不迷信权威、执着求实地探求科学真理的精神；模仿本文的写法，通过人物的心理、言行来表现人物的品质"。

在常态教学和应试背景下，教师能这样实实在在地与文本对话本无可厚非，但教师与文本对话的智慧空间没有界限，仅仅停留在以肉眼与文本对话的肤浅层面，往往是不全面、不深入的。肉眼只能看见现象，天眼才能透视本质。现象只能供大脑贮存，本质才能成为精神财富。

天眼隐藏在何方？天眼藏匿于古今中外的名著和哲学与宗教的经典里。

所谓以天眼与文本对话，就是借助经典的天眼，提升凡俗的肉眼。

譬如，在肉眼与《两个铁球同时着地》对话的基础上，不妨再以天眼与德国戏剧大师布莱希特的经典剧本《伽利略》对话。

与经典剧本《伽利略》对话，你会领略布莱希特独特的视角呈现，及其核心价值取向。当教会不容许伽利略这种理论的时候，他面临着两个选择：第一，硬碰硬，为了自己的伟大原则宁愿被教会迫害而死；第二，向教会屈服来保存自己，保存自己才有更多的发现、更大的贡献、更大的颠覆。剧本的结局是伽利略选择了后者，而选择后者会被当时的很多人认为是"变节"和屈服。

事实证明伽利略的选择是正确的！"留得青山在"，才有了这位伟大的物理学家、天文学家的一系列科学创举：1590年，他在比萨斜塔上做了"两个铁球同时着地"的著名实验，推翻了亚里士多德"物体下落速度和重量成比例"的学说，纠正了这个持续了1900年之久的错误结论；1609年，他创制了天文望远镜用来观测天体，发现了月球表面凹凸不平，并亲手绘制了第一幅月面图；1610年，他发现了木星的四颗卫星，为"哥白尼学说"找到了确凿的证据，标志着"哥白尼学说"开始走向胜利。借助望远镜，他还先后发现了土星光环、太阳黑子、太阳的自转、金星和水星的盈亏现象，以及银河是由无数恒星组成的，等等。这些发现开辟了天文学的新时代。人们不禁盛誉："哥伦布发现了新大陆，伽利略发现了新宇宙。"

　　仅与《两个铁球同时着地》对话，被遮蔽的肉眼，看到的不过是一个挑战权威、无畏抗争的单向度的伽利略；再与《伽利略》对话，洞开的天眼看到的就是一个双向度的伽利略——为了实现自我、追求科学真理，在面对教会或国家这种强大的机器时，个人什么时候要抗争、要牺牲，什么时候要妥协、要退让，有韬略地做出判断与选择是十分重要的。

　　肉眼有限，不宜远观；天眼通达，无量无限。教师与文本对话，何不肉眼、天眼齐观？

教师与文本对话： 要闪烁自己的思想之光

月亮虽好，但萤火虫比月亮更好。因为那悠然传来的星点绿光，是萤火虫自身发射出来的，而月光仅仅是太阳光的反射。

同理，教师与文本对话的"思想之光"，如果仅靠教参的"反射"，哪怕一时"辉映天下"，也不比自己的灵光一闪来得珍贵，来得美丽，来得诗意。

与《少年闰土》对话时，透过文中"圆月""圆脸""西瓜""竹匾"等语言描述，我发现文本背后隐藏着一个美丽的图形——圆。

"圆是什么？"我暗自思忖。

用数学语言解读，圆是最简单的闭合曲线，该曲线上无数个点与已知原点的距离相等。用文学语言解读，原点，不就是故乡吗？曲线上无数的点，不就是游子吗？游子思乡的感情半径普世恒等，这不就构成了圆圆的乡情？用艺术语言解读，圆是最完美的图形。童梦是圆的，是美的。

与《两个铁球同时着地》对话时，我不是与课文的情节缠绵悱恻，也不是与教参的"敢于挑战权威"之类的豪言壮语同眠共枕，而是谛听"比萨斜塔著名实验"中伽利略向亚里士多德的"常识与直觉"思路敲响的丧钟，他为落体运动的性质投下了新的一瞥，由此揭开了近代物理学"实验加数学"的研究方法。今天的生物化学、病理学、微生物学、细菌学、免疫学、传染病学和药理学……无不是这一科学研究方法的宠儿。

与《爱因斯坦和小女孩》对话时，有人善于关注"他穿的衣服又肥又长，整个人就像裹在一张大被单里，脚下趿拉着一双卧室里穿的拖鞋"的不修边幅。

与其关注爱因斯坦的不修边幅，不如读一读他的《我的世界观》："我从来不把安逸和享乐看做是生活目的本身——这种伦理基础，我叫它猪栏的理想。照亮我的道路，并且不断地给我新的勇气去愉快地正视生活的理想，是善、美和真。……要不是全神贯注于客观世界——那个在艺术和科学工作领域里永远达不到的对象，那么在我看来，生活就会是空虚的。"

与其关注爱因斯坦的不修边幅，不如对他做一些更全面、更真实、更有血有肉的了解。

六岁学小提琴，十三岁爱上几何学和康德哲学的爱因斯坦，一生以科学、艺术和哲学为支柱。

在紧张思索光量子假说和广义相对论的日子里，每当遇到困难，爱因斯坦就放下笔，拿起琴弓，他的科学创见被音乐催化。那优美、和谐、充满了想象力的旋律，开启了他对物理学的深思，引导他在数学王国里做自由、创造性的遐想。沉浸在古典音乐的气氛中，人类精神最美丽的花朵之一——理论物理学的思路，便沐浴在阳光雨露之中。

有人质疑，我们为什么培养不出一个爱因斯坦？原因是多方面的。一般来说，造就一个爱因斯坦除了自身的智商以外，还要有高超的数学、物理知识，以及广阔深邃的人文背景。其中艺术素养便是一大因素。

爱因斯坦"脚踏"科学、艺术与哲学三只船，这是他成功的重要原因。荣获诺贝尔奖，也许用不着"脚踏"三只船，但要成就一个爱因斯坦，就必须拥有三只船的大背景。

与《怀念母亲》对话时，要知道人为什么怀念母亲，就必须先弄明白什么是"自己"？

己，是个象形字，弯弯曲曲像一段肠子，实质是指脐带，在母腹中，胎儿靠脐带呼吸。己，乃先天呼吸之道。脐连着母亲的胎儿称为赤子，赤子与母亲连为一体。胎儿一朝娩出母体，便靠鼻子呼吸，古汉语中的"自"，即鼻子，鼻子乃后天呼吸之道。胎儿娩出母体，虽成游子，但游子与母亲连心。

自己，就是先天呼吸与后天呼吸之道的联系。自己，就是呼吸：吸进来，是一次重生；呼出去，是一次涅槃。一呼一吸，岂能忘记母亲？

凝视文本，宛如"银烛秋光冷画屏"，好美；对话之间，仿佛"轻罗小扇扑流萤"，诗意！

教师与文本对话：追求不断逼近"全圆精神世界"

圆，是一种美丽的图形，是一个美好的象征。

天上有个圆圆的太阳，水中有个圆圆的月亮，心中有个圆圆的梦想。

母亲的卵子是圆的，人的生命源头是圆的。人对圆情有独钟，具有圆的情结，凡事追求完美，期待圆满。

如果人的精神世界可以比拟成一个全圆，文学不是全圆，科学不是全圆，艺术、哲学都不是全圆，它们仅仅是全圆的一个弧面。只有文学、科学、艺术、哲学结合在一起，成为一个统一体，才是一个全圆。

教师与文本对话，如果能与文学、科学、艺术、哲学结合在一起，就会不断逼近"全圆精神世界"。

譬如与《回声》对话。

小河上有座石桥。半圆的桥洞和水里的倒影连起来，好像一个大月亮。

小青蛙跟着妈妈游到桥洞底下，看到周围美丽的景色，高兴得叫起来："呱呱呱，多好看哪！"这时，不知哪儿有一只小青蛙也在叫："呱呱呱，多好看哪！"小青蛙问："你是谁？你在哪儿？"那只看不见的小青蛙也在问："你是谁？你在哪儿？"

小青蛙奇怪极了，他问妈妈："桥洞里藏着一只小青蛙吧？他在学我说话哩。"妈妈笑着说："孩子，跟我来！"

青蛙妈妈带着小青蛙跳到岸上。她捡起一颗石子，扔进河里，河水被激起一圈圈波纹。波纹碰到河岸，又一圈圈地荡回来。

青蛙妈妈说："孩子，你的叫声就像这水的波纹。水的波纹碰到河岸又荡回来。你在桥洞里叫，声音的波纹碰到桥洞的石壁，也要返回来。这样，你就听到自己的声音啦。"小青蛙高兴地一蹦老高，说："妈妈，我明白了，这就是回声吧？"妈妈笑着点点头。

小青蛙又游回桥洞里，呱呱地叫个不停。桥洞里立刻响起一片呱呱的回声。小青蛙欢快地说："多好玩啊！"

在我看来，人应该带着一颗童心去读童话。以安徒生的童话为例，如果有人5岁了，还没有倾听过安徒生，那么他的童年就少了一段温馨；如果有人15岁了，还没有阅读过安徒生，那么他的少年就少了一道灿烂；如果有人25岁了，还没有品味过安徒生，那么他的青年就少了一片辉煌；如果有人35岁了，还没有了解过安徒生，那么他的壮年就少了一种丰饶；如果有人45岁了，还没有思索过安徒生，那么他的中年就少了一点厚重；如果有人55岁了，还没有复习过安徒生，那么他的晚年就少了一分悠远。

教师应带着简单而丰富的心与《回声》对话。

简单：读读，问问，画画，写写。总之，教学环节要简单，读读课文，提提问题，画画答案，写写字词。简单旨在求实。

丰富：投一投，画一画；喊一喊，写一写；问一问，查一查。总之，教学过程要好玩。小河边投一投石子，山谷里喊一喊回声。游戏让童年闪烁着金色的光芒，游戏让孩子的童年更加丰富多彩。

再如与《呼风唤雨的世纪》对话。

20世纪是一个呼风唤雨的世纪。

是谁来呼风唤雨呢？当然是人类；靠什么呼风唤雨呢？靠的是现代科学技术。在20世纪一百年的时间里，人类利用现代科学技术获得那么多奇迹般的、出乎意料的发现和发明。正是这些发现和发明，使人类的生活大大改观，其改变的程度超过了人类历史上百万年的总和。

人类在上百万年的历史中，一直生活在一个依赖自然的农耕社会。那时没有电灯，没有电视，没有收音机，也没有汽车。人们只能在神话中用"千里眼""顺风耳"和腾云驾雾的神仙，来寄托自己的美好愿望。我们的祖先大概谁也没有料到，在最近的一百年中，他们的那么多幻想纷纷变成了现实。20世纪的成就，真可以用"忽如一夜春风来，千树万树梨花开"来形容。

20世纪，人类登上月球，潜入深海，洞察百亿光年外的天体，探索原子核世界的奥秘；20世纪，电视、程控电话、因特网以及民航飞机、高速火车、远洋船舶等，日益把人类居住的星球变成联系紧密的"地球村"。人类生活的舒适和方便，是连过去的王公贵族也不敢想的。科学在改变着人类的精神文化生活，也在改变着人类的物质生活。

1923年，英国数学家、哲学家伯特兰·罗素说："归根到底，是科学使得我们这个时代不同于以往的任何时代。"八十多年后，这段话依然适用。回顾20世纪的百年历程，科学的确创造了一个又一个神话，为人类创造了比以往任何时代都要美好的生活。在新的世纪里，现代科学技术必将继续创造一个个奇迹，不断改善我们的生活。

读过《呼风唤雨的世纪》后，我们不妨从以下几个角度与文本对话。

1. 从科学的角度对话，我们能够做出定量的考量

20 世纪，仅 1900 年这一年就够重要的了，普朗克在这一年提出了量子概念，原子世界的大门被开启，世界悄悄进入原子能世纪；1905 年，爱因斯坦提出相对论，随后，一系列划时代的科技成果涌现，包括塑料、电视、电脑、火箭、卫星等。

2. 从哲学的角度对话，我们能够辩证地看待科技的发展

正是这些巨大成就的异化，有可能导致全人类的毁灭——核战争和全球生态平衡被破坏。第一次世界大战，平民受难者仅 5%，第二次世界大战为 50%，到现在，被战火席卷的地区，受害者中平民比例已经高达 90%。目前，核危机也并未消除。忧祸乱，悲时日，怀远道。

3. 从生态的角度对话，全球生态平衡问题，特别是全球气候变暖问题，被提上议事日程

2009 年 12 月 7 日，联合国气候大会在丹麦开幕，本次会议的主要目的是讨论在 2012 年之后的减排行动安排，大会被认为是"拯救人类的最后一次机会"，旨在为我们生存的地球开出"降温"良方。面对全球气候变暖的严峻挑战，本次会议异常"火热"。

联合国政府间气候变化专门委员会主席帕乔里博士被特邀发表讲话时，介绍了一些新数字："全球变暖导致地球上的海冰，将在 21 世纪下半叶完全消失""海平面在 2050 年将上升 7 米""由于全球气候变暖、森林开采、海平面上升，以及洪水易发地区人口增加等原因，预计到 2050 年全世界受洪水威胁的人口将增加一倍，全球将有 21 亿人生活在洪水中"。

导致全球气候变暖的元凶是二氧化碳，控制二氧化碳的排放才能避免巨大的灾难。

有人做过测算，消耗 100 度电，大概要产生 78.5 公斤二氧化碳，如果是用 100 升汽油的话，那么要产生 270 公斤二氧化碳。这种情况下，如果把我们每个人每天生活中所有的消耗背后所隐含的能源消耗，都折算成二氧化碳排放量，这个数据还是比较高的。所以从这一点来说，要降低二氧化碳排放，要应对气候变化，对于每一个人来说，都应该承担自己的责任。

4. 对话后的反思：危机正向人类走来，我们应该坚持低碳生活

位于意大利北部的威尼斯是世界闻名的水上之城。由于气候变化造成海平面上升，以及地基下降的共同作用，这座城市正面临消亡的危险。专家预测，如果不采取行动，到 2050 年，威尼斯大部分陆地将永远沉于海底。如果海平面上升，最先遭殃的就是大洋里的那些岛国了，马尔代夫算是一个。我们不要以为这样的事情离我们很远，其实对于中国这样的大国而言，这种气候变化也会给我们带来很多负面影响。目前，中国气候变暖加剧，未来100年可能升高4.2摄氏度。21世纪，中国极端高温事件可能更为频繁，部分地区夏季炎热天数可能增多，暖冬与热夏的次数可能增加，强降水事件增多，台风和强对流天气可能更频繁，冬季寒潮可能继续减少，干旱范围可能扩大。

面对如此严重的生态危机，我们该做些什么呢？如果每天用完电脑以后不待机，而是把它关掉，就可以减少大概三分之一的能源消耗量；如果用节能灯代替白炽灯，就可以减少大概四分之三的能源消耗量……我们应该从自身的行动开始，过一种低碳的生活，把二氧化碳排放量降下来。

与《呼风唤雨的世纪》对话，我们既要听到世纪的"聪明"，也要听到世纪的"愚蠢"，这才是哲学的对话。

教师与文本 "异度" 对话：同课异构的胚胎

当前的教学观摩活动热衷于同课异构：三五千人的大型活动同课异构，三五百人的中型活动也同课异构，三五十人的小型活动依然同课异构，同课异构风生水起、喧嚣日甚。但不少听过同课异构课的教师直摇头，并幽默地说，所谓同课异构，不过是"俄罗斯套娃"，一样的图案与空心，一个套一个，屡见"同"，而鲜见"异"。

缘何"有心栽花花不开"呢？

同课异构演化成事实的同课同构，原因可能是多方面的，但其中关键的一条是教师怎样与文本对话。

假若教师与文本对话仅仅在现有的"教参""教案""课件"之类的圈圈里打转，对话往往就会搁浅在单向度空间。单向度空间展开的对话，"着床"的只能是同课同构的胚胎，最终分娩成千课一面。

那么，教师应该怎样走出单向度空间，造就同课异构的胚胎呢？在我看来，走向"异度空间"，与文本对话，不失为一条有效路径。

所谓"异度空间"，就是和你所在的空间不一样的空间。那么教师怎样在"异度空间"与文本对话呢？

教师与文本对话的"异度空间"，完全可以建基在教参与教案或者具有同质思维水平的任何参照物之外的、有助于启明与提升心智的文本之上。

譬如，与《"你必须把这条鱼放掉！"》的文本对话时，假若仅仅满足于理清"汤姆钓到鱼的惊喜，以及对鱼爱不释手，到爱鱼与放鱼的矛盾心理，再到放鱼"这样一条线索，显然是在文本的表层上漫步。倘若在这一层级上进行教学设计，必然跳不出同课同构的巢窠。

教师与文本对话的"异度空间"并不是神秘的、难觅的，在与《"你必须把这条鱼放掉！"》的文本对话之前，建议在哲学层面上先与傅佩荣先生的"我能够做什么？我应该做什么？我愿意做什么"对话。

在厘清"我能够做什么？我应该做什么？我愿意做什么？"之前，弄清楚"能够"与"应该"的关系很重要。

翻开公元前 11 世纪到公元前 9 世纪辉映希腊文明的文字史料《荷马史

诗》，不论是叙述希腊联军围攻小亚细亚的城市特洛伊、以希腊联军统帅阿伽门农和勇将阿喀琉斯争吵为中心的《伊利亚特》，还是叙述伊大卡国王奥德赛在攻陷特洛伊后归国途中十年漂泊的《奥德赛》，整个《荷马史诗》所描写的希腊城邦里，外患与内斗联姻，杀戮与屠城共舞，整个城邦弥漫着战争味道。

为什么会这样？

因为在荷马时代，希腊人的基本思想观念是"我能够，所以我应该。""我能够掠夺与扩张，所以我应该掠夺与扩张。""我能够杀人屠城，所以我应该杀人屠城。"

如果让每个"我能够"，都兑现为"我应该"，很多结果是荒唐恐怖的！三千多年过去了，并不是每个人都能明白这个道理，并迅速从"我能够，所以我应该"的枕边苏醒。"我能够应试教育，所以我应该极端地应试教育。"并不是所有的"我能够"都文明合法，所以，当危害他人与社会的"我能够"，被"聪明"地转化为确定性的"我应该"的时候，危机与陷阱也在一步步逼近。

一代哲学大师康德曾对此当头棒喝：不是"我能够，所以我应该"，而是"我应该，所以我能够"。这一充满强烈道德意识的警语，从某种意义上来说是对人类道德的一次拯救。尽管，每个理论上的"我应该"，事实上未必一定"我能够"。譬如，我应该孝顺父母，但是我能够吗？我应该把病人的病医治好，但是我能够吗？我应该"达则兼济天下"，但是我能够吗？……

基本明确了"能够"与"应该"的关系后，再来理解"我能够做什么？我应该做什么？我愿意做什么？"可能就比较容易了。

先看看"我能够做什么。"有生之年，"我能够做"的事情很多，这说明选择具有多样性。

再看看"我应该做什么。""我能够做"很多事，但是受条件的制约，我必须做出选择，说明选择具有确定性。所以，我应该做什么的"应该"是有所选择的，它取决于两个方面：一是外在规范的约束；二是内在的自我约束。

最后看看"我愿意做什么。"我愿意做什么分四种情况：第一，我能够做的，我应该做的，也是我愿意做的——那么就去做；第二，我能够做的，我不应该做的，也是我不愿意做的——那么就不要去做；第三，我能够做

的，我应该做的，但是我不愿意去做——让你做，往往是勉强；第四，我能够做的，我不应该做的，但是我愿意去做——做了就值得反省：一不要后悔，二不要抱怨，三要顿悟，四要诉诸相称的报应或者死亡。

真正读懂了"我能够做什么？我应该做什么？我愿意做什么？"俨然走进了"异度空间"，基于这样的认识，再与《"你必须把这条鱼放掉！"》文本对话，同课异构便会呼之欲出。

譬如，汤姆说："放心吧，爸爸，没有人看见我们，也没有人知道我们在这个时候钓到了鲈鱼。"我能够判断出来"没有人看见我们，也没有人知道我们在这个时候钓到了鲈鱼"，所以我应该"不放鱼"。持如是想法，存侥幸心理，并付诸行为的人，现实生活中仅汤姆一人吗？

再如，"不管有没有别人看见，我们都应该遵守规定。"我应该要求孩子"遵守规定"，所以我能够要求："孩子，你必须把这条鱼放掉！"这是一个具有强烈道德操守的行为，应该竭力弘扬。也就是从"放鱼"的日常小事中，父亲完成了对儿子从"我能够，所以我应该"，到"我应该，所以我能够"的教化。反思我们的现状，并不缺少规则，缺少的是对规则的尊重与遵守，尤其缺少对规则尊重与遵守的率先垂范。

还如，汤姆"很不情愿地嚷起来"，"只好慢吞吞地从大鲈鱼的嘴唇上取下鱼钩，把鱼放回水中"，"叹了口气，心想：我这辈子再也钓不到这么大的鱼了"。可见，我能够做的是"放鱼"，我应该做的是"必须放鱼"，但是我不愿意放鱼。

这里的"应该"取决于两个方面——一是外在规范的约束；二是内在的自我约束。当汤姆不具备内在的自我约束力，同时又不遵守外在规范约束的时候，爸爸就是外在规则的守护者——所以，爸爸斩钉截铁地说："孩子，你必须把这条鱼放掉！"

"教材无非是个例子"，超越教材文本，走向生活智慧，其标志在于，我们看破了具象生物的鱼，洞识到了抽象欲望的"鱼"。漫漫人生，茫茫人海，我们能够拥有很多条欲望的"鱼"，但是我们应该拥有社会规则许可的"鱼"，我们愿意该放"鱼"时就放"鱼"。因为"鱼"与"规则"不可兼得，舍"鱼"而取"规则"。甘愿接受规则的约束，在规则面前自觉低头的灵魂，才是真正自由的灵魂。相反，无视规则、对抗规则的灵魂是被魔鬼钳制着的不自由的灵魂。

这或许就是教师在"异度空间"与《"你必须把这条鱼放掉！"》对话，

所应该成就的同课异构的胚胎吧！

在"异度空间"与文本对话，意味着教材文本与"异度空间"文本经由智慧对话，在教师的"心宫"着床，健康发育为同课异构的胚胎。这一胚胎是本真的"异"，不是"二月花"表象上的"标新立异"，而是"三秋树"本体上的"删繁就简"。这种简，意味着教学文本对话后"举三"的"反一"；这种简，意味着教学设计繁华落尽后呈现的真纯；这种简，意味着价值取向上泥沙淘尽后闪烁的真金。

教师与文本 《少年闰土》 对话

在我看来，与文本有效对话，意味着在与文本对话的过程中，对话者的语言感受力增强了，即语感增强了。语感增强的显性标志在于，对话者能够敏锐地感受文本中语言文字的生命活力。

语言文字的生命活力体现在哪儿呢？试以《少年闰土》为例进行阐释。

熟读文本，凝眸观望，你就会感受到《少年闰土》中的语言文字有色彩（深蓝、金黄、碧绿），有形态（跳鱼有青蛙似的两个脚、紫色的圆脸、头戴一顶小毡帽、颈上套一个明晃晃的银项圈），有神态（怕羞），有静态（深蓝的天空中挂着一轮金黄的圆月，下面是海边的沙地，都种着一望无际的碧绿的西瓜），有动态（挂、捏、刺、一扭、逃走）。

悉心谛听，你就会感受到《少年闰土》中的语言文字有声音（啦啦地响了）；温柔触摸，你就会感受到《少年闰土》中的语言文字有手感（它的皮毛是油一般的滑），有温度（冬天捕鸟的雪冷，夏天捡贝壳的火热，月夜看瓜的清凉）；用心感应，你就会感受到《少年闰土》中的语言文字有情感（可惜正月过去了，闰土须回家里去。我急得大哭，他也躲到厨房里，哭着不肯出门，但终于被他父亲带走了。他后来还托他的父亲带给我一包贝壳和几支很好看的鸟毛，我也曾送他一两次东西，但从此没有再见面）。

每一次"凝眸"，每一次"谛听"，每一次"触摸"，每一次"感应"，语言文字都在读者的眼中"复活"，都在读者的心中"复活"，都在读者的灵魂中"复活"，都在散发着生命的芬芳与活力。

精读文本，展开想象，你就会感受到《少年闰土》中的语言文字鲜活如画，映入眼帘。

"他正在厨房里，紫色的圆脸，头戴一顶小毡帽，颈上套一个明晃晃的银项圈……"——少年闰土就在厨房里。

"月亮地下，你听，啦啦地响了，猹在咬瓜了。你便捏了胡叉，轻轻地走去……""走到了，看见猹了，你便刺。这畜生很伶俐，倒向你奔来，反从胯下窜了。它的皮毛是油一般的滑……"——少年闰土就在月光下。

"下了雪，我扫出一块空地来，用短棒支起一个大竹匾，撒下秕谷，看鸟雀来吃时，我远远地将缚在棒上的绳子只一拉，那鸟雀就罩在竹匾下了。

什么都有：稻鸡，角鸡，鹁鸪，蓝背……"——少年闰土就在雪地里。

"我们日里到海边捡贝壳去，红的绿的都有，鬼见怕也有，观音手也有……"——少年闰土就在大海边。

少年闰土就在读者的心里，栩栩如生、光鲜如初、经久不衰。

赏读文本，反复玩味，你就会领悟到《少年闰土》的语言文字里洋溢着一种美。

一种天然色彩美——那"深蓝"的天空，"金黄"的圆月，"碧绿"的西瓜，"五色"的贝壳，"各种颜色"的鸟，以及"紫色"的圆脸，"银白"的项圈。色彩明丽，自然天成。

一种动静相生美——那深蓝的天空、金黄的圆月、海边沙地上的碧绿的西瓜，整个大自然是那么静谧，那么安详，但在这幽静的月夜，却不乏生命的动感："一个十一二岁的少年，项带银圈，手捏一柄钢叉，向一匹猹尽力地刺去。那猹却将身一扭，反从他的胯下逃走了。"静中有动，动中有静，动静相生，和谐自然，令人心旷神怡。

一种辽阔鲜活美——那高远的蓝天，一望无垠的大海，广阔的海边沙地，那活泼的少年闰土，那猹、獾猪、刺猬，那稻鸡、角鸡、鹁鸪、蓝背，那五彩的贝壳……相比高墙的四角天空，这个世界，可谓广阔而又鲜活。

一种两小无"隔"美——"他见人很怕羞，只是不怕我。""我"不把少年闰土视为一个比自己低贱的"穷孩子"，少年闰土也不把少年的"我"视为一个比自己高贵的"少爷"。交往无须计较成本，两小无"隔"，生命源头，人性纯美。

一种彼此丰富美——少年闰土来到城里，"见了许多没有见过的东西"；我从闰土那里知道了"无穷无尽的希奇的事"。高墙内的我与海边的闰土，两个纯真的、自然的少年无拘无束地"对话"，心灵在"对话"中融合，彼此都在这融合中变得丰富了。

一种"图形"隐喻美——"深蓝的天空中挂着一轮金黄的圆月，下面是海边的沙地，都种着一望无际的碧绿的西瓜。其间有一个十一二岁的少年，项带银圈，手捏一柄钢叉，向一匹猹尽力地刺去。那猹却将身一扭，反从他的胯下逃走了。""紫色的圆脸，头戴一顶小毡帽，颈上套一个明晃晃的银项圈……""须大雪下了才好。我们沙地上，下了雪，我扫出一块空地来，用短棒支起一个大竹匾，撒下秕谷，看鸟雀来吃时，我远远地将缚在棒上的绳子只一拉，那鸟雀就罩在竹匾下了。什么都有：稻鸡，角鸡，鹁鸪，蓝背……"

读了这些文字，目光聚焦在圆月、银圈、圆脸、西瓜、小毡帽、大竹匾之上，便会发现潜藏在文本中的一个有趣的图形——圆。

圆，是一种隐喻。

不是吗？月是故乡圆，瓜是故乡甜，人是故乡亲。那圆圆的乡情，那满满的亲情，在天是圆月，在地是西瓜，在面是圆脸，在心是圆满。

圆，隐喻一种美。

也许有人会说，读来读去，不就是"圆月""银圈""圆脸"……这些文字，有何美可言？我们不妨来看一个小故事。

一次，有人问毕加索："你的画到底在画些什么？我看来看去都看不懂。"

毕加索问他："你听过鸟叫吗？"

那个人回答："听过。"

毕加索再问："好听吗？"

那个人说："好听。"

毕加索又问："你听得懂吗？"

那个人说："听不懂。"

既然不懂也能好听，那么不懂也可以好看。

其实，不懂什么是美的时候，美照样存在。只不过美的眼睛发现了语言文字的美，美的语言文字便活在了美的眼睛里，美的眼睛由此变得更美，更美的眼睛更善于发现美、创造美！

能够敏锐感受到语言文字的美，感受到语言文字的魅力，感受到语言文字的生命活力，汲取其人文情怀，丰富自我的精神世界，提升自我的生命价值，如此与文本对话，不仅是有效的，而且是高效的、长效的。

教师与文本《生命 生命》对话

　　《生命 生命》这节课，让我感触颇多，每次阅读内心都情不自禁地泛起的涟漪，它让我感受到对生命的敬畏，领悟到生命的真谛！

　　有人说过这样一个故事：当年琉璃厂文古斋的掌柜给蒋介石贺六十大寿，送的是仿故宫武英殿里的一对乾隆官窑黄底青花九龙瓶。

　　这位掌柜派人去武英殿摹绘，又在景德镇自己的窑里秘密烧制。胎质、釉色、绘工，甚至"手头"（重量）都与原件一模一样，只不过特意吩咐烧制的人在款名的字上，故意短了一毫米。这个从商多年的掌柜说："做假的时候一定要知道留有破绽，以示敬畏。"

　　敬畏，是人类对待事物既敬重又害怕的一种态度。敬畏，是一种美好的情怀，是一种大智慧。敬畏，是一切宗教信仰的心理基础。敬畏缺席，信仰泯灭。敬畏生命，首当其冲。生命不在，一切乌有。下面我们先通过几个片段，一起感受关于生命的敬畏。

片段1：一草一木都值得敬畏

　　在农耕文明时期人们的眼里，风雨雷电、山川植物，处处都有神明。山有山神，河有河神，树有树神，连自家的厨房都有灶神。既然有神，就该敬而畏之。

　　"背阳就阴，违喧处静。不根不蒂，无迹无影。耻桃李之暂芳，笑兰桂之非永。故顺时而不竞，每乘幽而自整。"诗人王勃惊叹青苔神秘而顽强的生命力，敬畏之心油然而生。

　　瑞士植物学家赫尔有段自白："对于我，小草同科隆大教堂一样重要。我从前者学到的东西，比后者还要多！"小草是神造的，教堂是人造的。人造的建筑怎能同大自然的神造之物相提并论？

片段2：生命无处不散发着神性的光辉

　　老麻雀石头一般落在即将扑向小麻雀的猎狗面前；一条鳝鱼在油锅中被煎煮时却始终弓起中间的身子，原因是保护腹中的小鳝鱼；在撒哈拉沙漠中，母骆驼为了使即将渴死的小骆驼喝到水潭里够不着的水而纵身跳进潭中；一只母藏羚羊为了腹中还未出世的小藏羚羊，向举枪射杀她的猎人下

跪……

生命，无处不散发着神性的光辉。

片段3：人的神性，意味着敬畏生命

弘一法师在圆寂前，再三叮嘱弟子把他的遗体装龛时，在龛的四个脚下各垫上一个碗，碗中装水，以免蚂蚁虫子爬上遗体后在火化时被无辜烧死。

读到这个细节，我总是被弘一法师对于生命深彻的怜悯与敬畏之心所深深感动。

"钩帘归乳燕，穴纸出痴蝇。为鼠常留饭，怜蛾不点灯。"人，对低等生命的大悲悯、大关爱和大敬畏，方才彰显了生命的高贵与美丽。

片段4：人的魔性，愈来愈肆无忌惮地漠视生命

处在社会转型期，人性善恶在分化，人性的恶的一面在膨胀，有些人缺失敬畏，无所顾忌，为所欲为，凡事没有底线。譬如，嘴越吃越刁，天上飞的，除了飞机不吃，土里埋的，除了炸弹不吃，水里游的，除了潜艇不吃，其余的，能逮的全逮了，能抓的全抓了，来个赶尽杀绝，逮尽吃光而后快。

逮尽吃光、赶尽杀绝了动物，孤单的人留在地球上究竟还有什么意义？

在对低等生命的存在极端蔑视的同时，有些人把剩余的全部精力都集中在钩心斗角的内耗、尔虞我诈的倾轧、横征暴敛的掠夺、刀光剑影的讨伐上，人与人之间，种族与种族之间，国家与国家之间，处处弥漫着因极端漠视而相互屠戮的血雨腥风。

如，数以千计的黑熊被熟悉它们习性的猎人从树林里活捉，惨叫着开始了它们悲剧性的命运——人们在麻醉它们之后，用导管插进它们的胆囊并引出体外，以供随时抽取胆汁，这个过程甚至要持续20年。再如，有人残忍地活食猴脑，疯狂猎杀野生动物。

片段5：敬畏生命，当知生命来之不易

一个女性在胎儿期约有700万颗卵子，出生后一直到青春期，大约只有50万颗了，没有排出一颗。一个健康的成年男子，每次排出大约2亿—4亿个精子。其中有且只有一个可以和卵子"对话"，形成新生命。生命来之不易啊！

在60多亿人的地球上，两个人相遇的可能性约是千万分之一；成为朋友的可能性是两亿分之一；成为夫妻的可能性是五十亿分之一。相遇，相知，相爱，多么豪奢啊！

在学校，在课堂，师生是"相遇"，还是"相斥"；是"朋友"，还是

"路人"; 是"相恨", 还是"相爱"? 这是对话养人与应试害人的分水岭啊!

读了上面的几个片段, 您是否对生命有了全新的认识呢? 作为教师, 我们又该以怎样的情怀和智慧与《生命 生命》这节课对话呢?

我认为, 首先, 教师要与作者杏林子对话, 了解作者的生平, 知人而后论文; 其次, 教师要与教科书文本《生命 生命》对话, 感悟生命对生命的唤醒; 再次, 教师与文本对话要注意细节, "一字未宜忽, 语语悟其神"。

下面我们以文本中的内容为例进行说明。

"一伸手捉住"——生命的灾难就在瞬息;

"只要我的手指稍一用力, 它就不能动弹了"——生命的脆弱, 显而易见;

"但它挣扎着, 极力鼓动双翅"——生命一旦受到侵犯、威胁、控制、束缚, 任何生命的主体都会挣扎、摆脱;

"极力鼓动"——挣扎达到极致, 拼尽了所有的气力, 这就是生命的抗争, 这就是生命的反作用力;

"我感到一股生命的力量在我手中跃动"——生命是有力量的;

"那样强烈"——强烈摆脱控制, 强烈从死的威胁中挣脱;

"那样鲜明"——鲜明地告诉"敌人", 我要活下去, 活是我的权利, 你不能剥夺我活下去的权利;

"飞蛾那种求生的欲望令我震惊"——与其说是"飞蛾那种求生的欲望令我震惊", 不如说飞蛾面对飞来的横祸, 不畏力量反差多么巨大, 拼命挣扎, 极力鼓动双翅的求生欲望令我感动——"我忍不住放了它"。

这是"飞蛾生命"对"我生命"的触动, 换句话说, 也就是一种生命对另一种生命的触动!

再如, 文本中写道: "墙角的砖缝中掉进一粒香瓜子, 过了几天, 竟然冒出一截小瓜苗。那小小的种子里, 包含着一种多么强的生命力啊! 竟使它可以冲破坚硬的外壳, 在没有阳光、没有泥土的砖缝中, 不屈向上, 苗壮生长, 即使它仅仅只活了几天。"我们不妨进行下面一番对话。

"墙角的砖缝中"想必没有——(阳光), 没有——(水分), 没有——(土壤), 然而, "阳光""水分""土壤"是种子生长发育所必需的啊!

天有不测风云, "墙角的砖缝中掉进一粒香瓜子"。按常理, 这粒香瓜子会——(渴死、饿死、冻死), 但它——(竟然冒出了一截小瓜苗), 这就是生命力的——(顽强)!

"仅仅只活了几天"——生命，不仅在于活过多少时日的长度，还在于活着就要向上的"向度"，活着就要不屈的"硬度"，活着就要顽强的"质度"。

还如，《生命 生命》一课中写道："有一次，我用医生的听诊器，静听自己的心跳。那一声声沉稳而有规律的跳动，给我极大的震撼，这就是我的生命，单单属于我的。我可以好好地使用它，也可以白白地糟蹋它。一切全由自己决定，我必须对自己负责。""虽然生命短暂，但是，我们却可以让有限的生命体现出无限的价值。于是，我下定决心，一定要珍惜生命，决不让它白白流失，使自己活得更加光彩有力。"我们可以从内心发出以下对话。

12岁我遭遇了病魔，患上了幼年型类风湿关节炎，一种自体免疫系统不全而引发的慢性疾病，完全无药可治，等于被宣判了漫长的死刑。病魔千方百计地叫我死，我可以向病魔投降，可以白白糟蹋我的生命。"一切全由自己决定，我必须对自己负责。""虽然生命短暂，但是，我们却可以让有限的生命体现出无限的价值。于是，我下定决心一定要珍惜生命，决不让它白白流失，使自己活得更加光彩有力。"

——拖着被病魔毁坏的身体以文字见证生命的强韧、热情和美丽，历经二三十年而笔耕不辍。我撰写了多部著作：

1969年：《遥远的路》

1976年：《喜乐年年》

1977年：《生之歌》

1979年：《杏林小记》

1980年：《北极第一家》

1981年：《生命颂》

1982年：《谁之过》《另一种爱情》

1983年：《凯歌集》《皓皓长安月》《牧羊儿——于右任的故事》

1984年：《大地注·生命注》

1985年：《我们》《重入红尘》《母亲的脸》

1986年：《行到水穷处》《山水大地》《读云——王禄松新诗水彩画集》

1989年：《感谢玫瑰有刺》

1993年：《相思深不深》

1994年：《留白的青春·叛逆的岁月》《杏林子作品精选三》

1995年：《生之歌》（重新出版）、《生之颂》（重新出版）、《阿丹老爸》

1997 年:《心灵品管》《宝贝书：残障娃娃家长亲职手册》

1998 年:《生命之歌》(有声书)、《身边的爱情故事》

1999 年:《在生命的渡口与你相遇》

2000 年:《为什么我没有自杀? 如何度过生命低潮》《真情是一生的承诺》

2002 年:《打破的古董》《好小子, 乔比!》

杏林子创造了奇迹。不, 杏林子本身就是一个生命奇迹。但奇迹是怎么产生的呢? 她的力量源自何处呢?

水流经管道的时候, 它的形状是管道的形状; 生命的泉水流经你的时候, 它的形状就是你思想的形状、你人格的形状、你精神的形状。杏林子创造奇迹的力量, 源自于她思想的力量、人格的力量、精神的力量、生命的力量。

(飞蛾的) 生命 (唤醒我这样感悟) 生命: ＿＿＿＿＿＿＿＿＿＿＿

(瓜子的) 生命 (唤醒我这样感悟) 生命: ＿＿＿＿＿＿＿＿＿＿＿

(杏林子的) 生命 (唤醒我这样感悟) 生命: ＿＿＿＿＿＿＿＿＿＿＿

除了与教材文本对话, 教师也可以利用各种资源, 与非教材文本进行对话, 以获取生命意义的增值。

案例 1: 与自强不息的当代人物进行对话

如 43 岁的湖南湘乡市男子彭水林, 在深圳遭遇了一场车祸, 一辆载重 10 吨的货车将他拦腰碾断, 腰部以下都没有了, 他成了一个 78 厘米的"半截人", 但他依然保持着积极乐观的心态。

再如贵州黔南州三都水族自治县羊福乡残疾教师陆永康, 几十年如一日跪着为学生上课, 感动中国。

案例 2: 与周国平《内在生命的伟大》对话摘要

此刻我的眼前出现了一系列高贵的行为残疾人的形象。在西方, 从盲诗人荷马, 到双耳失聪的大音乐家贝多芬, 双目失明的大作家博尔赫斯, 全身瘫痪的大科学家霍金, 当然, 还有又瞎又聋的永恒的少女海伦·凯勒。在中国, 从受了腐刑的司马迁, 受了膑刑的孙膑, 到瞎子阿炳, 以及今天仍然坐着轮椅在文字之境中自由驰骋的史铁生。他们的肉体诚然缺损了, 但他们的生命因此也缺损了吗? 当然不, 与许多肉体没有缺损的人相比, 他们拥有的是多么完整而健康的生命。

由此可见, 生命与肉体显然不是一回事, 生命的质量肯定不能用肉体的状况来评判。肉体只是一个躯壳, 是生命的载体; 它的确是脆弱的, 很容易

破损。但是，寄寓在这个躯壳之中，又超越于这个躯壳，我们更有一个不易破损的内在生命，这个内在生命的通俗名称叫作精神或者灵魂。就其本性来说，灵魂是一个单纯的整体，而不像肉体那样由许多局部的器官组成。外部的机械力量能够让人的肢体断裂，但不能切割下哪怕一小块人的灵魂。自然界的病菌能够损坏人的器官，但没有任何路径可以侵蚀人的灵魂。总之，一切能够致残肉体的因素，都不能致残我们的内在生命。正因为此，一个人无论躯体怎样残缺，仍可使自己的内在生命保持完好无损。

......

敬畏生命的终极意义，意味着敬畏生命的个体性与生命的平等性——它体现在尊重一个个鲜活的生命个体，同时生命的宝贵不因身份、地位在内的一切差异而不同，所有的生命都同等宝贵。

教师与文本 《跨越海峡的生命桥》 对话

教师在与文本《跨越海峡的生命桥》对话时要掌握以下几个关键点。

第一，天下所有的事情，都发生在特定的时空。《跨越海峡的生命桥》，即发生在某时某医院。

第二，只要是人为的事情，都反映了"人与人之间的关系"。《跨越海峡的生命桥》，反映的就是"病人与常人之间的关系"。

第三，"人与人之间的关系"的至上境界是"美"。《跨越海峡的生命桥》，表现的是一种"悲美"。与《跨越海峡的生命桥》对话，要体会其"悲美"。

为什么要这样对话？

新课程理念下的教学要体现"知识与技能、过程与方法、情感态度与价值观"三维目标；而应试教育为了考试排名，极端关注死记硬背的知识，过分追求去人性化的机械的操练技能，其方法简陋，过程程式化，情感态度与价值观缺失，不利于学生健全人格的养成。

那么，教师怎样认识"知识与技能、过程与方法、情感态度与价值观"的关系呢？

知识与技能是学生掌握学习过程和方法的前提，也是学生形成积极的情感态度与价值观的基础。

学生掌握学习的过程和方法，比得到标准答案更重要。方法是能力，是人终身受益的工具。过程是产生价值的媒体，没有过程就没有认知的发展，就没有情感、态度、价值观的升华。只有在过程中，学生才能形成正确的价值取向，培养社会责任感，形成正确的世界观、人生观；才能学会做人，学会生存，学会创造的本领。与文本对话既是方法，又是过程。

情感是指人对客观事物是否符合其需要所产生的态度体验。情感可归结为积极或消极、肯定或否定两类。情感伴随着人对客观现实的认识过程发生和发展，同时又反作用于人的认识过程。

态度是人对某事物或对象所持有的一种肯定或否定、接近或背离、拥护或反对的心理和行为的倾向。态度决定行动。

价值观是人们对人生的目的和意义，对自己在社会中所处的地位和作用，以及个人与社会之间关系的根本看法。

"知识与技能"是在与文本对话的过程中获得的,"情感态度与价值观"更是与文本对话的过程中逐渐形成的。下面我们将以课文为例,进行对话说明。

跨越海峡的生命桥

1999年9月22日,早晨7时30分,阳光洒满了美丽的杭州市,桂树还没有开花,晨风中已经飘来甜丝丝的香气。(对话:阳光美,桂树美,晨风美,香气美,生活美)

小钱静静地躺在病床上。灿烂的阳光没有使他苍白的脸红润起来。这个刚满18岁的年轻人,(对话:"生命就像含苞的花朵",说明小钱的年华美)患了严重的白血病,生命就像即将凋零的含苞的花朵,(对话:病魔恶——催花的病魔)唯有骨髓移植,才能使这朵生命之花绽放。(对话:"唯有……才能",说明骨髓移植重要)然而,要找到适合移植的骨髓,又谈何容易。如果没有亲缘关系,大约在十万人里才有可能找到一个有适合骨髓的人。(对话:概率之小,希望渺茫)小钱是幸运的,(对话:小钱是不幸的——生活那么美好,年华那么美好,可是他却患了严重的白血病,生命垂危;小钱是幸运的——唯有骨髓移植,才能病愈,大约在十万人里才有可能找到一个有适合骨髓的人,在台湾找到了这样的人)几经辗转,终于在台湾找到了这样的人。(终于——骨髓找到不易)

在同一时刻,海峡彼岸的台湾花莲慈济医院,骨髓移植专家李博士正步履匆匆地走进手术室。一位青年躺在病床上,等候着他来抽取骨髓。就在昨天,一场里氏7.3级的大地震袭击了台湾地区。此刻,大地仍在余震中摇晃。

在这场灾难中,病床上的青年没有受伤,(对话:台湾是不幸的——"一场里氏7.3级的大地震袭击了台湾地区";青年是幸运的——在这场灾难中,青年没有受伤;小钱是幸运的——青年是幸运的,小钱就是幸运的,如果青年在地震中遭遇不幸,那么小钱就失去了可以配型的骨髓)他的家人是否平安无事,目前还不清楚。(对话:忘却对自己家人的牵挂,先人后己)但是,他知道,在海峡的另一边,有一位青年正满怀着希望,期待着他的骨髓。

针头向皮肤刺去,一阵突如其来的余震,使针头从肌肤里脱落,李博士不得不停止工作。此时此刻,跑到空旷的地方才比较安全。但是,李博士仍沉着地站在病床旁,那位青年也静静地躺在病床上。经过一次又一次的努力,利用大地震动暂停的间隔,台湾青年的骨髓,终于从身躯里涓涓流出……(对话:终于——骨髓取出不易)

骨髓的保存期只有 24 小时。李博士带着刚抽取的骨髓，经过十几个小时的奔波，赶到杭州，和当地的医护人员一起连夜为小钱做了骨髓移植手术。

小钱得救了。两岸骨肉同胞用爱心架起了一座跨越海峡的生命桥。也许，小钱和这位台湾青年永远不会见面，这并不重要，因为两岸同胞的心是连在一起的。那血脉亲情，如同生命的火种，必将一代一代传下去。（对话：人离不开人，小钱离不开捐献骨髓的青年；小钱离不开为他骨髓移植的医生；小钱离不开每一个帮助他的人）

故事很感人，但是我们不希望看到这种悲美重演。白血病是造血系统的恶性疾病，俗称"血癌"。目前，还没有真正弄清楚病因。这是留给人类医学的挑战！全世界约有 24 万急性白血病患者，我国估计有 5 万以上患者。一次真正成功的骨髓移植，起码需要数十万的巨额费用。怎么解决这一现实问题，又是留给我们的现实挑战！

唤醒生命的对话
——孙建锋语文教学手记

教师与文本 《怀念母亲》 对话

《怀念母亲》这篇课文是季羡林先生以回忆录的形式，讲述了对两位母亲的怀念，从而表达了对亲生母亲永久的悔恨，对祖国母亲崇高的敬意和不变的爱意。下面我们将以本文为例，从教学设计的角度与文本对话。

我一生有两个母亲，一个是生我的母亲，一个是我的祖国母亲。我对这两个母亲怀着同样崇高的敬意和同样真挚的爱慕。

我六岁离开我的生母，到城里去住。中间曾回故乡两次，都是奔丧，只在母亲身边待了几天，仍然回到城里。在我读大学二年级的时候，母亲弃养，只活了四十多岁。我痛哭了几天，食不下咽，寝不安席。我真想随母亲于地下。我的愿望没能实现。从此我就成了没有母亲的孤儿。一个缺少母爱的孩子，是灵魂不全的人。我怀着不全的灵魂，抱终天之恨。一想到母亲，就泪流不止，数十年如一日。

后来我到德国留学，住在一座叫哥廷根的孤寂的小城，不知道为什么，母亲频来入梦。我的祖国母亲，我是第一次离开她。不知道为什么，我这个母亲也频来入梦。

为了说明当时的感情，我从初到哥廷根的日记中摘抄几段：
1935 年 11 月 16 日

不久外面就黑起来了。我觉得这黄昏的时候最有意思。我不开灯，又沉默地站在窗前，看暗夜渐渐织上天空，织上对面的屋顶。一切都沉在朦胧的薄暗中。我的心往往在沉静到不能再沉静的时候，活动起来。我想到故乡，故乡的老朋友，心里有点酸酸的，有点凄凉。然而这凄凉并不同普通的凄凉一样，是甜蜜的，浓浓的，有说不出的味道，浓浓地糊在心头。

11 月 18 日

好几天以前，房东太太就对我说，她的儿子今天回家，从学校回来，她高兴得不得了……但她的儿子一直没有回来，她有点沮丧。她又说，晚上还有一趟车，说不定他会回来的。看到她的神情，我想起自己长眠于故乡地下的母亲，真想哭！我现在才知道，古今中外的母亲都是一样的！

11 月 20 日

我现在还真是想家，想故国，想故国的朋友。我有时想得简直不能忍耐。

11 月 28 日

我仰躺在沙发上，听风路过窗外。风里夹着雨。天色阴得如黑夜。心里思潮起伏，又想到故国了。

我从初到哥廷根的日记里，引用了这几段。实际上，类似的地方还有很多，从这几段中也可见一斑了。一想到生身母亲和祖国母亲，我就心潮腾涌，留在国外的念头连影儿都没有。几个月以后，我写了一篇散文，题目叫《寻梦》。开头一段是：

夜里梦到母亲，我哭着醒来。醒来再想捉住这梦的时候，梦却早不知道飞到什么地方去了。

下面描绘在梦里见到母亲的情景。最后一段是：

天哪！连一个清清楚楚的梦都不给我吗？我怅望灰天，在泪光里，幻出母亲的面影。

我在国内的时候，只怀念，也只有可能怀念一个母亲。到国外以后，在我的怀念中增添了祖国母亲。这种怀念，在初到哥廷根的时候异常强烈。以后也没有断过。对这两位母亲的怀念，一直伴随我度过了在欧洲的十一年。

季羡林的这篇文章结构分明，层次清晰，并且借助日记、散文摘抄的语段，首尾呼应，说明了对两位母亲不变的情怀，文章浑然一体。下面我们将从教学设计的角度与文本进行深入对话。

一、对话第一步：确立教学目标

1. 课标依据

三维目标——知识与能力、过程与方法、情感态度与价值观。

2. 心理依据

（1）根据价值主体类型的不同，情感可分为个人情感、集体情感和社会情感。本课是个人对生身母亲与祖国母亲所产生的情感。

（2）根据价值作用时期的不同，情感可分为追溯情感、现实情感和期望情感。本文属于一种追溯情感。

3. 现实依据

根据文本内容、学生实际与教师能力确立教学目标。

二、对话第二步：确立教学重难点

真理分为两类：一是自然科学真理；二是人文科学真理。前者可以证

明，后者一般不能用来证实与证伪。一个人不能等母亲去世再去证明是否怀念母亲，也不能说出国就出国，以此来证明是否怀念祖国？学生缺少情感体验与生活阅历，如何引领学生间接体验，既是教学的重点，又是教学的难点。

三、对话第三步：设计教学流程

教学设计要有创意。创意，是最有价值的智慧劳动。

创意，其本义在于首创，首创意味着作品完全出自自己的内心与灵魂，而非"借鉴""克隆"，以及"山寨"。一个教学设计能力不足的人，是不敢承认创意的教学设计是优秀的；一个有心力进行创意教学设计的人，其教学流程的每一个环节都充满无穷的魅力与无限的张力，每一次对话都激荡人心、感召人心、震撼人心、唤醒人心、诗意人心、营养人心！有创意的教学设计本身不就是一种价值、一种成功吗？

（一）歌曲导入

教师播放歌曲："多么熟悉的声音，陪我多少年风和雨。从来不需要想起，永远也不会忘记。"（师：那是你喊我乳名的声音！）"没有天哪有地，没有地哪有家，没有家哪有你，没有你哪有我。"（师：是你生育了我，是你给了我生命！）"假如你不曾养育我，给我温暖的生活，假如你不曾保护我，我的命运将会是什么。是你抚养我长大，陪我说第一句话，是你给我一个家，让我与你共同拥有它。"

师：是你抚养我长大，是你教我说的第一句话。这个人就是……

生：母亲。

（教师板书：母亲。）

师：母亲不在身边时，我们会——

生：想念母亲，思念母亲，怀念母亲。

（教师板书：怀念。）

师：看了课题《怀念母亲》，你脑子里一定有问号。

生：谁怀念母亲？

生：怎样怀念母亲？

生：为什么怀念母亲？

……

师：答案就在课文的字里行间，让我们用心读书，仔细思考。

（二）文本对话

1. 初读文本

师：读书时，可能会遇到一些陌生的词语，生词如朋友，多见几次面，自然就熟悉了。我们先认识一下：

[投影：真挚（zhì）、寝（qǐn）不安席、频（pín）来入梦、朦（méng）胧（lóng）、凄（qī）凉、可见一斑（bān）、怅（chàng）望。]

师：读一遍书，要有一遍的收获。请看"读书要求"：

第一，读准字音，读顺课文。

第二，初步明白：谁怀念母亲？怎样怀念母亲？

第三，自由练习朗读，时间为五分钟。

师：书声琅琅，同学们读得很认真、很投入。我相信你们一定能够读得正确、流畅。展示读书的机会到了，我们一起分享你琅琅的读书声吧！

（教师指名读。）

师：每人一节，依据"读准字音，读顺课文"的学习要求进行朗读。老师、同学，包括你自己都要进行评价哦！

师：经过练习，多数同学能够"读准字音，读顺课文"，掌声鼓励自己！

（学生热情鼓掌！）

师：课文讲"谁怀念母亲"呢？

生：季羡林。

师：你怎么知道答案的呢？

生：课文22页下面，写到作者季羡林。

师：大家都很会读书，看得很仔细！我不知道大家有没有发现：一般写"怀念母亲"的文章，就是怀念母亲一个人，而季羡林"怀念母亲"的与众不同之处在哪里？

生：季羡林写"怀念母亲"，一是怀念生身母亲，二是怀念祖国母亲。

师：季羡林是怎样"怀念母亲"的呢？也就是说，季羡林是怎样怀念生身母亲与祖国母亲的呢？

2. 熟读文本

师：下面是我们第二遍读课文的要求——

第一，快速浏览课文，横线画出怀念生身母亲的词句，波浪线画出怀念祖国母亲的词句。

第二，紧扣重点词句，初步读出对"生身母亲与祖国母亲"的真挚情感。

师：请看示范。譬如，第二节——我六岁离开我的生母，到城里去住。

中间曾回故乡两次，都是奔丧，只在母亲身边待了几天，仍然回到城里。在我读大学二年级的时候，母亲弃养，只活了四十多岁。<u>我痛哭了几天，食不下咽，寝不安席。我真想随母亲于地下。</u>我的愿望没能实现。从此我就成了没有母亲的孤儿。一个缺少母爱的孩子，是灵魂不全的人。我怀着不全的灵魂，抱终天之恨。<u>一想到母亲，就泪流不止，数十年如一日。</u>

再如，第三节——后来我到德国留学，住在一座叫哥廷根的孤寂的小城，不知道为什么，<u>母亲频来入梦。</u>我的祖国母亲，我是第一次离开她。不知道为什么，<u>我这个母亲也频来入梦。</u>

师：浏览课文，快速画线。时间为三分钟。

（学生快速浏览课文。）

师：从第四节起，依次交流画线的词句。

生：我想到故乡，故乡的老朋友，心里有点酸酸的，有点凄凉。然而这凄凉并不同普通的凄凉一样，是甜蜜的，浓浓的，有说不出的味道，浓浓地糊在心头。

生：<u>看到她的神情，我想起自己长眠于故乡地下的母亲，真想哭！</u>

生：我现在还真是想家，想故国，想故国的朋友。我有时想得简直不能忍耐。

生：心里思潮起伏，又想到故国了。

<u>一想到生身母亲和祖国母亲，我就心潮腾涌，留在国外的念头连影儿都没有。</u>

<u>夜里梦到母亲，我哭着醒来。</u>

<u>我怅望灰天，在泪光里，幻出母亲的面影。</u>

生：<u>对这两位母亲的怀念，一直伴随我度过了在欧洲的十一年。</u>

师：这些语句，有的表达了对生身母亲的思念，有的表达了对祖国母亲的怀念，有的既表达了对生身母亲的怀念，同时又表达了对祖国母亲的怀念。怀念是写在纸上的，也是读在口中的。生身母亲去世了，我十分痛苦，读一读有关句段，体会作者的心情——

生：我六岁离开我的生母，到城里去住。中间曾回故乡两次，都是奔丧，只在母亲身边待了几天，仍然回到城里。在我读大学二年级的时候，母亲弃养，只活了四十多岁。我痛哭了几天，食不下咽，寝不安席。我真想随母亲于地下。我的愿望没能实现。从此我就成了没有母亲的孤儿。一个缺少母爱的孩子，是灵魂不全的人。我怀着不全的灵魂，抱终天之恨。一想到母亲，就泪流不止，数十年如一日。

师：六岁，正是一个孩子依恋母亲的时期，我却离开生母，这一去就是十几年，十几年里，只有两次相见，每次相见，只有几天。我读大学了，就要有出息了，母亲却去了，永远地去了……

师：大家一起读：我痛哭了几天，食不下咽，寝不安席。我真想随母亲于地下。

师："我痛哭了几天"，说明我痛哭的时间——

生：长。

师："食不下咽，寝不安席"，说明我痛苦的程度——

生：深。

师："我真想随母亲于地下"说明我痛不——

生：痛不欲生。

师：诗人余光中在《今生今世》中说道：

我最忘情的哭声有两次

一次，在我生命的开始

一次，在你生命的告终

第一次，我不会记得，是听你说的

第二次，你不会晓得，我说也没用

是啊！母亲陪我们向前走的日子总是有限的，甚至都能数得清天数啊！一个人，无论多大，没有了母亲，就成了孤儿。母爱是人间第一爱，缺少母爱的孩子，是灵魂不全的人，我怎能不抱恨终天呢？

让我们一起读：一想到母亲，就泪流不止，数十年如一日。

师：母亲故去，是我永久的痛，请听音乐《江河水》片段，再读第二段。

（学生齐读第二段。）

师：飘在异乡他国，我思乡、念家、想亲人，请读我11月16日的日记，体会那浓浓的乡情——

（学生阅读课文。）

师：朦胧的薄暗中，我想念亲人——（播放歌曲《传奇》片段）

我想到故乡，故乡的老朋友，心里有点酸酸的，有点凄凉。然而这凄凉并不同普通的凄凉一样，是甜蜜的，浓浓的，有说不出的味道，浓浓地糊在心头。

（学生跟读。）

师：人想人，想死人。酸楚中透着甜蜜，凄凉中含着温馨。离乡去国，游子在外，我思念母亲，我怀念祖国。请听歌曲《中国心》片段。

……

（三）增值收课

怀念生身母亲，没有母亲就没有我的生命；怀念祖国母亲，没有祖国母亲，就没有我欧洲十一年的公派留学生涯。

怀念母亲，不仅仅是一把鼻涕一把泪；怀念母亲，也不仅仅是朝思暮想，把自己想成灰、想成泥、想成石头；怀念母亲，更重要的是经营好自己的生命。

怀念母亲，就是懂得感恩：感恩就是知道自己源自母亲，应该回归母亲；感恩就是不辜负母亲的期望；感恩就是懂得反哺，能够反哺。

季美林做到了。1945 年，他在德国获博士学位，学成回国；他精通 12 国语言，曾历任北京大学教授、副校长；他著作等身，被誉为"文学大师""学界泰斗"。诚可谓——情怀天高地阔，事业惊天动地！

第 二 篇

对话之阅读教学

人的存在建基于语言，语言发生在对话之中，因此，人存在于对话中。阅读教学是学生、教师、文本与编者之间的对话过程。其对话过程是一种情感、态度、价值观的持存创建。这种持存创建只有通过对话并在对话中才能得以实现。

守住正确的教学底线，切莫"毁"人不倦

教师，每天走进课堂，都在对学生的生命产生影响，都在对人类的未来产生影响，都在对世界施加影响。课堂，是学校的产品；课堂，是学生的天堂；课堂，是教师的阵地。课堂，必须守住正确的教学底线，切莫"毁"人不倦。

正确教学，是教师的职业操守。正确教学，远没有说得那么轻松、容易。很多时候，语文教学的错误，并不像自然学科教学的错误那样一目了然，它往往隐匿于不自觉中。

下面从具体教例管窥语文教学的错误。

教例1："品"字啥意思

一次，听一位老师教学生字"品"——

师：开火车读一读拼音。

生：（横一排，竖一列地读起来）pǐn，pǐn，pǐn……

师：大家一起读。

生：pǐn。

师：用"品"组词。

生：日用品。

生：商品。

生：人品。

……

生（突然插嘴）：老师，"品"字啥意思啊？人品怎么讲？

（学生的突然袭击搞得老师有点措手不及，尴尬之中颇不耐烦地搪塞。）

师：考试会写不就行了？拿出手来书空：竖、横折、横……

生：竖、横折、横……

师：字形记住了吗？

生：记住了！

师：拿出本子，写五遍，明天默写。

……

课后，我与教师窃窃私语："'品'字啥意思？为什么你绕过了学生的问

题?"　"我也不知道。"她有些不好意思地回答。

是的，任何人都不可能全知全能，教师有知识盲点无可厚非。但是，如果不实事求是地和学生坦陈，反倒使用所谓的"教学机智"搪塞，甚至以权"威服"学生，都是不可原谅的低级错误。

换个角度讲，假如教师知道"品"字的意思，相机给学生讲讲来历，那么这个案例呈现的就是一种水到渠成的自然美。

"品"有三口，这三个口是什么意思呢？古有"三阳开泰"，又叫三阳开窍。三阳即三个口，上面一个口指嘴巴，是饮食之窍；下面的两个口，前一个口是生殖之窍，后一个口是"五谷轮回"之窍。这三个窍正好是三个口，下面两个口是并排的，这就组成了"品"。

"品"字，关乎性命。人若上口不能食饮，下口不能通便，那就有生命危险。

"品"字，关乎人品。一个人说话，口无遮拦，是不是人品有问题？一个人说话，出和音，出雅音，是不是人品高尚。下面的口，更关系到人品，有些人生活作风有问题，在人品上栽跟头，不就是栽在这个口上吗？

怎样自修人品？品与"和"有关系。

第一，"和"是品修的环境。

品 $\begin{cases} 世界——和平（世界讲和平）\\ 社会——和谐（社会讲和谐）\\ 家庭——和睦（家庭讲和睦）\end{cases}$

第二，"和"是与己相处之道。

品 $\begin{cases} 养息——和气（养息生和气，和气生财）\\ 调息——和悦（调息生和悦，和悦达观）\\ 作息——和合（作息生和合，和合养生）\end{cases}$

第三，"和"与人相处之道

品 $\begin{cases} 语态——亲和\\ 形态——平和\\ 心态——祥和\end{cases}$

教例 2："坐井观天"的只是青蛙吗？

某市的教学观摩课上，一个特级教师给上百名教师上示范课。

她准备了青蛙与小鸟两种头饰，请学生自愿选一种头饰，全班同学分成两种角色，青蛙的头饰比小鸟的更复杂，也更吸引人，很多学生选了青蛙头饰；无论是做青蛙还是当小鸟，学生都很高兴，课堂更像一个情景剧场。

课堂运用了多媒体，电子白板取代了传统黑板，教学课件也很"摩登"，把生字生动地演示给学生。譬如，"渴"字，被描绘成一副画面，炎炎烈日下，一个被关在门里的人，口干得直冒烟，门外是三条水流组成的清澈的小溪，这时关在门里的人最大的感受就是"渴"。当他终于把嘴巴（口）伸出门外，把三滴水都吸走，慢慢地演化成了"喝"。学生学得很专心，相信他们会很好地掌握这个相对较难的字。

学习了生字后，屏幕切换为很明艳的画面，绿色的青蛙待在井底，黄色的小鸟，在白云的陪伴下，翅膀一张一合地飞了过来。全班的"小鸟"和"青蛙"在多媒体的配合下也开始进入角色。

青蛙们粗声粗气，有点好奇，傲慢地问："你从哪儿来呀？"

小鸟们兴奋地、有些气喘（它很累了）地回答："我从天上来，飞了一百多里，口渴了，下来找水喝。"（小鸟飞过海洋，飞过高山，见识过很多场面）

青蛙们的声音越发粗了起来，更加傲慢地说："朋友，别说大话了！天不过井口那么大，还用飞那么远吗？"（有的青蛙用手比画"井口"，有的青蛙边读边笑）

小鸟们齐声说："你弄错了（语气坚定，重音在'错'字上，拖得很长），天无边无际，大得很哪！"（小鸟们用手从胸前往外推，做扩胸运动，以寓"无边无际"）

青蛙越发固执地笑着说："朋友，我天天坐在井里，一抬头就看见天，不会弄错的。"

小鸟们也笑了，得意地说："朋友，是你弄错了。不信，你跳出井口看一下吧！"

课文到此就要结束了，教师开始启发学生们概括这则寓言的寓意。学生们开始发言，发言者多为"小鸟"们，发言内容无非是青蛙孤陋寡闻、见识狭窄、固执己见、骄傲自大……这时，有一只"青蛙"出声了："青蛙坚持自己的意见，不轻信别人，它很勇敢。"但马上被笑声打断了，"小鸟们"纷纷声讨："固执己见"怎么能说成"不轻信"？小青蛙们不再作声了，他们面面相觑，有的神色难堪，有的一头雾水，有的开始投奔到小鸟的阵营中去。

教师开始导演最后一个情节了："大家想一想，怎么帮助青蛙呢？"小鸟们齐声说："请它跳出井底吧！"青蛙们又开始兴奋起来，他们不断往上跳，好像要逃离井底。教师又问青蛙们："你们看到了什么？"青蛙们："天好大呀！草好绿呀！花好美呀！"小鸟们则在一边得意地看着青蛙们的觉醒。

【教学反思】

这堂课，从知识的传授、寓意的概括、学生的参与来看都是成功的。下课后，学生们仍然很兴奋，上课与看课的老师也都很轻松，但我却停留在

"小青蛙"的尴尬与不解中。

在"小鸟"得意的纠正面前,"青蛙们"怎么就不再继续体验其角色,不再辩解,不再以青蛙的身份说话了?而是一副犯了错误、虚心接受批评的样子?课文的叙述怎么只有小鸟的逻辑?"坐井观天"的只有青蛙吗?小鸟的骄傲,以及它对青蛙的嘲笑就不是"坐井观天"了?

与 "三易" 对话带给教学的无限启发

一、何谓"三易"

当下，盛行读经。万经之首，群经之始，当数《易经》。

"易"，上面是"日"，下面是"月"，把上面的太阳与下面的月亮合起来，便是"易"字了。《易经》这本书，可以理解为叙述宇宙中日月运行的一个大法则。

"易"有"三易"：变易、不易、简易。变易：耳闻目睹的一切人人事事，都处在流变不居之中。宇宙万物，瞬息万变，是为变易；不易：宇宙虽变化不息，但井然有序，具有法则性、规律性，这就是不易；简易：掌握了宇宙万物的变化规律，抓住了事物的本体，运用时就会得心应手，这就是简易。

譬如我们穿的裤子，四季有变，年年有变：一会儿流行喇叭裤，一会儿流行锥形裤；今天时尚牛仔裤，明天时尚西裤；今年流行高腰裤，明年流行低腰裤；冬天流行深色裤，夏天流行浅色裤……可谓花样翻新，日新月异，热闹非凡，这就是"变易"。但不论裤子款式怎么变化，有一条不变，所有的裤子都有两条腿，这就是"不易"。掌握了这条规律，设计裤子就可以在裤腿的长短、肥瘦上做文章了，这就是"简易"。

二、"三易"对教学的启发

变易：先从文本来看，每篇课文各不相同，每本书风格迥异，可谓种类繁多，头绪复杂；再从学生来看，每个学生家庭背景不一，生活经历不同，性格色彩各异。凡此种种，教学文本、教学对象，都是变易的。

不易：再多篇目的课文，都是语言文字；再不一样的学生，都是人。

简易：教育教学，只要从语言文字的规律出发，只要以人为本，就会事半功倍。

三、"三易"在教学中的运用

1. 不易：教学目标以人为本的理念一成不变

所谓以人为本，就是我们的语文教学要对学生的语言基本功负责，为学生的终身学习奠基。所以，要明确学生是在学母语，要彰显"语文姓语"的学科特点，同时要兼顾学生的年龄特点，要树立学习语言文字是语文教学的核心目标，要落实"识字、写字、读书、背诵、习惯"的阅读教学具体目标，即扎扎实实地落实识字任务，一丝不苟地抓好写字教学，正确流利地朗读课文，日积月累地抓好背诵积累，养成良好的学习习惯。

2. 变易：有正负两极

（1）负极——教学内容"胖"，课堂结构"碎"，教学形式"花"，课堂训练"浮"。

胖：语文是个筐，什么都往里面装，这使得语文课像吹气球似的发胖。

碎：问得碎（一节课，每分钟一两个问题）、读得碎（读是为问题搭桥铺路）、练得碎（读着读着就来一个"训练"，一如看着看着电视就插个广告）。

花：以前流行奖励"小五星""小红旗""小红花"，一节课下来，学生带着满身的"星""旗""花"走出教室。现在流行表演，如教学《大大的荷叶》——

师：同学们，你们想变成什么？

生：想变成雨滴，在荷叶上睡觉。

师：睡觉是什么意思呢？

（全班同学趴在桌上睡觉。）

师：小鱼是怎么游的？

（全班同学在教室里晃悠。）

师：蝴蝶是怎么穿梭的？

（全班同学在教室里穿梭。）

……

像案例中的情况，教师只是把文中的陈述句改成了疑问句，再加上表演，自以为这样做课堂就活了。表面上热热闹闹，其实学生什么也没学到。

浮：识字课不写字，阅读课不读书，交际课不动口，作文课不动笔。譬如，写字变成说字——什么结构？多少笔画？横在哪儿，撇在哪儿？说来说去，一个字没来得及写就下课了。很多教师干脆布置课后作业。课堂损失，课后弥补，弥补得了吗？再如阅读课，核心应该是读书。学生真正静下心认真读书的时间有几分钟？往往不到十分钟，四分之三的时间变成了教师的"表演秀"。还有作文课，变成了"君子动口不动手"的说文课，四分之三的时间在进行所谓的表演性辅导。殊不知，作文是静思、默想、打腹稿，然后动笔写出来的。又如，口语交际课，该说的反倒不说了，让学生写"交际"，教学效果可想而知了。

（2）正极——教学设计要因课制宜、灵活巧变。

譬如，怎样教学《雨点儿》？这篇童话共 106 个字，短小精炼，情趣盎然。教师在教学时要做到目标简明、设计巧变。

目标简明：按"读一读，我会写，我会读"的课后要求确定教学目标。教学目标要与低年级的课标要求吻合："学会朗读；了解词句的意思，读懂浅近的童话、寓言、故事、诗歌等。"

设计巧变：巧变，以不变应万变。落实目标不变，落实的方式要变，有所变有所不变，才能做到持经达变。

"读一读"：既是教师的范读、指导读，又是学生的朗读，是培养学生养成良好朗读习惯的过程。

"我会写"：是在教师指导下的写，是从描红到临写、从练写到默写的过程，是培养学生养成认真写字习惯的过程。

"我会读"：第一，要正确、流利、有感情（声情并茂）地读；第二，要在读中发现语言的共性；第三，要读出新意。

譬如，"雨点儿从云彩里飘落下来。"怎样读出新意？

师：雨点儿从云彩里舞蹈下来。

生：雨点儿从云彩里唱歌下来。

（滴答滴答，真好听！）

生：雨点儿从云彩里做梦下来。

师：那是幸福的梦、甜蜜的梦！

生：雨点儿从云彩里流泪下来。

师：离开云彩，离开妈妈，雨点伤心得流泪！

……

生：雨点儿从云彩里飘落下来。

师：孙悟空从云彩里飘落下来。

生：苹果从云彩里飘落下来。

师：啊！太空果，一定很好吃！

生：房子从云彩里飘落下来。

师：那是仙人居！

生：爸爸从云彩里飘落下来。

师：乘飞机来的吧！

生：电脑从云彩里飘落下来。

师：外星人送给你的圣诞礼物！

生：面包从云彩里飘落下来。

师：天上也能掉馅儿饼！？

生：钞票从云彩里飘落下来。

师：飘落到——

生：飘落到每个急需用钱的人家里。

……

3. 简易：教学操作要扎实有效、简单方便

《义务教育语文课程标准（2011年版）》指出，阅读教学是学生、教师、文本之间的对话过程。有人说，对话，不就是一问一答吗？我们暂且不给定论，先看一位教师是怎样引领学生与《司马光砸缸》进行对话的——

那天我讲完司马光砸缸的故事，然后提问。我的意图是引导学生说出司马光聪明、机智、勇敢之类的话，然后因势利导，鼓励学生学习这种精神。学生纷纷举手，积极发言，这让我非常高兴。但第一个学生的问题让我非常郁闷。她问："老师，什么是缸？"

都初中生了，不知道什么是缸？哎！也是，现在的城市里哪有缸啊，难怪学生们不知道。看到大多数学生都用同样迷惑的眼神望着我，我只好在黑板上画了个缸的形状，然后告诉大家，缸是一种常见的家用器皿。

第二个学生问："哪里买的缸？多少钱一个？"

我说："这个问题不重要，下一个！"

可这个学生还问："老师，很重要的，如果那个缸很贵呢？我总不会把我家最贵重的电脑砸了吧？"

我瞪了他一眼："那缸不是司马光家的。下一个同学！"

第三个同学问："缸是干什么用的？"

又是一个超幼稚的问题。一个学生抢着说："我知道，我爷爷奶奶家用缸腌酸菜。"如此"出色"的学生是谁教出来的？我只好解释道："古时候每家都有一口缸，它是专门用来存水的。"

第四个学生马上问："他们家经常停水还是欠水费啊？"

看来给学生普及历史常识真的很重要。我不得不解释："那时候没有自来水，人们都是取河水或井水存在缸里。"

"连自来水都没有，说明古代人很笨，还是我们现代人聪明。"那个学生

发出感慨。

第五个学生问："那个缸放在哪里？"

我有点不耐烦了，斥责他："刚才老师讲故事时你干吗去了？是不是没有认真听讲？我明明讲了放在院子里，你站着听一会儿！"他申辩："老师我认真听了，我的意思是问，那个缸放在院子里的什么地方？是院墙边还是院门口，是屋檐下还是院中间？"我不耐烦地说："这个我哪儿知道！司马光也没有留下回忆录详细说明，再说放哪儿小孩不都掉进去了吗？别找借口，继续站着！"

第六个学生："那缸为什么没有盖子？若有了盖子小孩就不会掉下去了。再说古代人也应该讲卫生啊，没有盖子，灰尘、昆虫、脏东西都往里掉，人吃了会得病……"

我意识到这样提问下去不是办法，弄不好会被绕晕，只好拿出屡试不爽的老办法，提问领悟能力强的好学生。我示意体育委员提问。

体育委员："那缸有多高？"他也昏头昏脑地随着前面的思路走。

"大概……到我肩膀这么高吧！"本来想说和我一米八的个头一般高，可我也没见过那么高的缸，但说太矮了司马光也就不用救了。

劳动委员看到我的示意："那么高，小孩是怎么上去的呢？肯定是从高处跳进去的，换了我可上不去。大石头多大？司马光多大？老师您讲了司马光当时也是个孩子，那他抱得动大石头吗？那缸里的水要是不够深，小孩掉进去也不会有危险，就不用砸缸。"这家伙不顾我已铁青的脸色无休止地说下去。"既然证明缸里的水足够深或者是满缸。能承受那么多水的压强而缸没有破，说明缸壁是够厚够坚固的。司马光既然只是小孩子，抱不动大石头，那么他拿小石头能砸破那够厚够坚固的大缸吗？不可能！就算他拿出铁杵磨成针的精神，一下下耐心地砸，到砸破为止，那小孩估计早就被淹死了，所以……"

我阻止他继续说下去。我把最后的希望寄托在班长身上："从司马光砸缸的故事中你得到了什么样的启发？"

班长站起来，看看同学们期盼的目光，深吸了一口气："老师，我得到的启发和同学们是一样的，就是——这个故事是假的！"

我彻底无语了。司马光！你干吗要砸缸？

为什么会形成案例中所展示的这种无效对话呢？

教师很明显在完成教学参考书指定的思想训练目标，来个"牛不喝水强按头"。

其实，扎实有效、简单方便的对话，做起来都很简易，但前提是教师眼

里有学生，心里有学生。请欣赏毛毛虫老师的对话课堂。（毛毛虫：一名来自山城重庆向往简单宁静生活的小学语文教师）

著名特级教师孙建锋曾说："假若我们的语文课堂，能够以大地做教室，以蓝天当黑板，以花鸟游鱼、世间万物为教材，那该是多么美丽的课堂啊！"

时至今日，毛毛虫一直在追求孙老师梦想中的这种课堂，今天是 2 月 11 日，毛毛虫终于享受到了这样的课堂——天人合一，纯然真我。

今天，我们上第一课——《找春天》，为了能上好这开学第一课，昨晚我只睡了四个小时，首先我不停地朗读课文，直至自己能够背诵整篇课文，把整篇课文都装进自己的心中，这样第二天上课时就会成竹在胸。然后，我开始钻研教科书，浏览教参，书写生字卡片，我躺在床上构思着——"在读中感悟，在诵中生情，在吟中入境"。

第二天早上，我是全班到得最早的，天公作美，温暖的阳光柔和地撒在我们的身上，仿佛在告诉我们春天的降临。

师：同学们，课文中的几个孩子仔细地找啊，找啊。他们都找到了什么呢？请你在课文中勾画出来。

喻佳诚：他们找到了小草和早开的野花和树木和解冻的小溪。

师：你找对了，但是语言不通顺，你应该说，他们找到了小草、野花、树木和小溪。你会说了吗？（喻佳诚点头）那你把老师的话重复一遍好吗？（喻佳诚复述）你真棒，大家能把这句话复述一遍吗？

（全体学生复述。）

师：同学们的倾听能力和复述能力有进步了，让我们一起来读读这些句子吧。

（学生读：小草从地下探出头来，那是春天的眉毛吧？早开的野花一朵两朵，那是春天的眼睛吧……）

（学生一边读，我一边在黑板上画，我画碧绿的小草、早开的野花、树木上的嫩芽、解冻的小溪。学生读完了，我也画完了。）

师：同学们，你们读得真好，老师把你们读的课文画成了一幅画，给它取了个名字叫《美丽的春天》。温暖的阳光已经照进了我们的教室，春天已经来到了我们的身边，让我们拿起书，一起到操场上，到花丛中去寻找春天吧！如果你们找到了，请你告诉同学和老师。孩子们，咱们出发吧！

孩子们一听，高兴极了，兴奋之情写在他们脸上。他们顿时像脱缰的野马，一个个冲出教室，奔向操场，去寻找美丽的春天。

瞧，管星宇、刘崎岭、龙小凤他们来到万年青丛边，蹲下身，扒开草丛仔细地寻找，他们一定在寻找春天的眉毛——小草；赵莹、刘彦希他们来到花坛边，他们一定在寻找春天的眼睛——小野花；简洁、薛松、王茂良他们来到喷泉旁，他们一定在寻找春天的琴声吧；龙小凤还发现万年青发出的嫩芽，这不就是奏响春天交响曲的音符吗？

过了没多久，孩子们就带着满满的收获跑到我跟前，涨着红红的脸蛋，向我汇报他们的所见所得。

李佳励：老师，我找到春天了，我发现小草真的探出头来了。

曾强：老师，我也听见了喷泉池边的流水声，叮叮咚咚的。

杨淞：老师，我还看见了天上的小鸟，叽叽喳喳的，真好听。

……

师：同学们，大家闭上眼睛，听听（真有小鸟的叫声），闻闻（空气真新鲜），你们都找到了春天，原来春天就在我们的身边。现在我们就站在操场上，呼吸着清新的空气，沐浴着温暖的阳光，听着叮叮咚咚的流水声，我们一起来读第一课《找春天》吧！

（学生高兴地拿起课本，非常有感情地读着课文："春天来了！……我们触到了她……"）

在这一刻，整个校园回荡着我们琅琅的读书声，映衬着身后文化墙的文字——世界是辉煌的，阳光是灿烂的，在它的照耀下，春夏秋冬，播种收获。

我们的心灵乘着书声的翅膀，飞得很高很高，看得很远很远，我禁不住拿出自己的相机，拍下了这个动人的瞬间——《春日读书图》。天时、地利、人和，天人合一，纯然真我，和谐美丽，这样的课堂原来如此简约、如此轻松，教师、学生、文本三者之间的对话如此融洽，这不就是孙建锋老师梦想中的课堂吗，毛毛虫终于找到了这样的课堂。

从"同歌异唱"到"同课异上"

同一首歌，不同的人唱出来的感觉是不一样的，如果仅仅千篇一律地模仿，而没有用心去领会歌曲的内涵，并用自己的方式把真情表达出来，那只能是哗众取宠、昙花一现。

《传奇》这首歌，歌词优美，旋律迷人，被大家广为传唱，但很多人并不知道它的原唱是李健。当我们仔细聆听李健和王菲分别动情演唱《传奇》后，会被他们各自的风格深深打动。同歌异唱，李健的原唱好听，王菲的翻唱也动听。

同课异上，就要像王菲、李健那样同歌异唱，虽然演唱风格迥异，一个唱得缱绻，一个唱得空灵，但都让人如听仙乐。

课上好的要素很多，其中最重要的是什么呢？我们不妨看一组汽车广告——

先看国产的广告：美女+汽车。美女与香车有什么必然联系呢？不过是简单的感官刺激而已。

再来看一看本田的汽车广告。该广告一共拍摄605次，没有使用计算机辅助，在巴黎一个工作室花费四天四夜拍摄而成。汽车轮胎里放的是螺丝和螺帽，平衡之精细，连摄影组成员走动时都得小心翼翼，常常一个稍微大一点的动作，就得重复好几小时的工作。拍到第500多次时，制作人开始称呼这些零件为"朋友"。终于在第605次拍摄结束时，现场鸦雀无声，然后爆发出了热烈的欢呼和掌声，以及四溅的香槟。

两组广告比照，给予我们启迪：上好课不在于表面包装华丽，而在于追求表现本真的"创感"！愈同课异上，愈需要这样真实的"创感"！

下面我们来看一个案例——《搭石》的"创感"设计。

师："搭石，构成了家乡的一道风景。"风景美不胜收，快速浏览第2节至第4节，用横线画出描写人们走搭石情景的有关语句。

生1：上了点年岁的人，无论怎样急着赶路，只要发现哪块搭石不平稳，一定会放下带的东西，找来合适的石头搭上，再在上边踏上几个来回，直到满意了才肯离去。

生2：每当上工、下工，一行人走搭石的时候，动作是那么协调有序！

前面的抬起脚来，后面的紧跟上去，踏踏的声音，像轻快的音乐；清波漾漾，人影绰绰，给人画一般的美感。

生3：如果有两个人面对面同时走到溪边，总会在第一块搭石前止步，招手示意，让对方先走，等对方过了河，俩人再说上几句家常话，才相背而行。假如遇上老人来走搭石，年轻人总要伏下身子背老人过去，人们把这看成理所当然的事。

师：把自己放进去，我们一起走搭石。现在，"我"就是一个上了点年岁的人，默读"上了点年岁的人，无论怎样急着赶路，只要发现哪块搭石不平稳，一定会放下带的东西，找来合适的石头搭上，再在上边踏上几个来回，直到满意了才肯离去"。简单写一写，"我"为什么要这样做？

（学生纷纷写出原因。）

（教师板书：一人单向走搭石，心里想着他人——有心。）

师：默读第3节，你会发现——

（　）人同向走搭石：协调有序——有（　）。

生：（多）人同向走搭石：协调有序——有（序）。

师：默读第4节，你会发现——

（　）人相向走搭石：互相（　）——有（　）。

生：（两）人相向走搭石：互相（谦让）——有（礼）。

师：有心、有序、有礼地走搭石，这就是美。仔细体会这几个词，你会发现，美是——

生1：上了点年岁的人，无论怎样急着赶路，只要发现哪块搭石不平稳，一定会放下带的东西，找来合适的石头搭上，再在上边踏上几个来回，直到满意了才肯离去。

生2：每当上工、下工，一行人走搭石的时候，动作是那么协调有序！前面的抬起脚来，后面的紧跟上去，踏踏的声音，像轻快的音乐；清波漾漾，人影绰绰，给人画一般的美感。

生3：如果有两个人面对面同时走到溪边，总会在第一块搭石前止步，招手示意，让对方先走，等对方过了河，俩人再说上几句家常话，才相背而行。假如遇上老人来走搭石，年轻人总要伏下身子背老人过去，人们把这看成理所当然的事。

生4（总结）：美是利人的行动。

师：美是不需用嘴巴说的，这世间最美的事物都是无言的，天地有大美而——

生：天地有大美而不言！

师：我认为人们"有心""有序""有礼"地走搭石，是偶然为之，你同意老师的观点吗？再次快速阅读下面句段，找出有关词句，证明你的观点。

生："无论怎样""只要发现""一定会"，"每当""总会"。从这些字眼可以看出人们经常这样做。

师：不仅经常这样做，"人们把这看成理所当然的事"。先哲柏拉图谆谆告诫我们："凡属美者，不仅经常为美，且为其自身而美，如果人生值得活，那只是为了注视美。"

让教学设计多一些创意

教学设计是根据教学对象和教学目标，确定合适的教学起点和终点，将教学诸要素有序、优化地安排，形成教学方案的过程。好的教学设计对于提高教学效率和教学质量大有裨益。

一、建筑设计带给教学设计的启示

通常情况下，我们的楼房造型是很古板的，像小学生的字，中规中矩、横平竖直。为什么我们的楼房会像火柴盒和积木一样，千楼一面，万楼同体呢？实为想象力干瘪，创意设计匮乏使然。

建筑设计，能不能发挥一点浪漫的想象，增添一些美的创意，让人悦目赏心？答案就在建筑大师高迪创意设计的巴特罗之家里。

这幢位于巴塞罗那的巴特罗之家，被建筑师高迪赋予了一种魔幻气质。阳台，个个造型诡异，宛如贵妇手中的一只只晚礼面具；楼梯，如同一条通往魔幻空间的通道，除了三维旋转的曲线，看不到任何生硬的直角或者呆板的直线；壁炉，宛如童话世界里的蘑菇；房门，似乎是在做梦时设计的一般；大厅，让人仿佛置身于一只巨大的贝壳里；顶部，状如旋转的螺蛳；支架，被设计成骨骼；储藏室，宛如鲸鱼的腹腔；色彩，上面的颜色冰冷，下面的颜色温暖；窗子，上大下小；玻璃，营造出一种透过海水看到海洋深处的景象，没有人不被其色彩迷惑；烟囱，状如童帽；楼顶，如同一条巨龙的铠甲。

建筑是凝固的音乐，音乐是流动的建筑。建筑追求流动感，一个好的建筑会让人如听一曲荡气回肠的交响乐；音乐则追求凝固感，一曲交响乐会让人仿佛置身于一片巍峨错落的楼群。

一切艺术，在最高层次上都是相通的，即艺术的美。美是养人的，好的教学设计宛如"凝固的音乐"和"流动的建筑"，充满创意美，滋养学生的灵魂。

二、教学设计怎样才能多一些创意

1. 创意与手语

创意，意味着摒弃封闭与保守，走向心态与意念的开放。开放，首先是肢体语言的开放。肢体语言开放与否并不抽象，而是可以考量的。

教师在课堂上，前两分钟的肢体语言，就可以暴露其执教心态是开放的还是保守的。其中，最有代表性的形体语言，莫过于下意识流露出的手语。

在通常状态下，受保守心态的支配，执教者的双手往往交叉、交合、交握，置于体前，且大多掌心向内。看上去文质彬彬的礼仪手势，其实是一种刻意掩饰拘谨内敛的造作态势。保守的手语喻示，师生关系油水两隔。

保守的手语，在大多时间里，总是用一个食指不停地指向聆听的一方，伴随这种手语的话语，没有不滑向居高临下、发号施令、耳提面命、颐指气使的。

手语保守，心态罐封，生怕新鲜的空气进来，坏了自家酱缸的酸菜；手语开放，心门洞开，和风袭袭，绿意盎然。

开放的手语，多数情形下掌心向着听者自然打开，言说者不隐不瞒，不遮不掩，内心坦荡，光明磊落，平等博爱；或者有时掌心向上，托起希望，托起太阳。

我们的课堂教学手语究竟处于一种什么状态呢？有心研究教学手语的教师走进课堂留心观察一下，就真相大白了。

2. 创意与示范

说到"示范"，我想起一个"小提琴演奏家"的故事——

一位世界一流的小提琴演奏家指导别人时，从来不说话，每当学生拉完一曲，他总是把曲子再拉一遍，让学生从倾听中得到感悟。"琴声是最好的教育。"他总是说。

是的，示范，就是要像小提琴家一样能够率先垂范，树立榜样，从内心深处让学生艳羡折服，油然效法。

一次，我邀请于永正老师上《高尔基与他的儿子》一课。于老师的教学设计很简单，就是"示范"——示范写字，示范朗读，示范批注，示范习作。

他说小学语文很简单，不就是"写好字，读好书，习好作"吗？每一个教学环节之前，于老师总是先"下水"示范。学生字写得不够到位，他示范；学生书读得没有滋味，他示范；学生作文不够得体，他示范。

当然，示范不是建筑一个学习"飞地"，只有示范者巍然屹立在珠峰之巅，学生才能"高山仰止，景行行止"。

还是那个"小提琴演奏家"的故事——

有一天，他收了一个名不见经传的新生，在拜师仪式上，学生为他演奏了一首短曲。这个学生很有天赋，把乐曲演奏得出神入化，天衣无缝。学生演奏完毕，这位演奏大师照例拿着琴走上台。但是，这一次，他把琴放在肩上，久久没有奏曲。他沉默了很长时间，然后，把琴从肩上拿下来，深深地叹口气，走下台。

众人惊慌失措，不明白发生了什么事。这位大师微笑着说："你们知道吗？他拉得太好了，我没有资格指导他。最起码在刚才演奏的那一曲上，我的琴声对他，只能是一种误导。"全场静默片刻，然后爆发出一阵热烈的掌声。

无独有偶，一位表情自然、音色优美的学生站起来朗读课文，读得正确、流畅，声情并茂，引得听者热烈的掌声。这时，于老师轻轻拍了拍他的肩膀说："在朗读课文上，我教不了你，你真的可以做我的老师。"

……

示范，意味着"己所不欲，勿施于人"。教学设计，只有在示范上下功夫，才是一种有创意的惠己惠人的真功夫。

3. 创意与虚无

在日本设计师原研哉看来，"最美的设计是虚无的"。充分体现这一设计理念的作品是无印良品的《地平线》广告图片。

地平线，是天与地交汇的地方，是视野的尽头，是天地间的极致。目力所及，地平线外就是一片虚空。虚空就是一个巨大的容器，虚空承载万有，虚空的地平线上，什么都没有，又什么都有，一切均从这里开始。

无印良品的《地平线》对教学的启示在于课堂要"大空"，大空才能大有。所谓大空，就是把自主学习的全部时空还给学生。只有拥有无限的"空"，学生才能收获无限的"有"。

譬如，一位教师是这样"大空"地与《地震中的父与子》对话的。

他留给学生足够的预习空间，让学生先与课文文本对话，再借助网络与生活中发生的地震对话。与文本对话，学生读出了自己的声音：从"那个昔日充满孩子们欢声笑语的漂亮的三层教学楼，已变成一片废墟"，读出地震

的破坏力；从"就在他挖掘的时候，不断有孩子的父母急匆匆地赶来。看到这片废墟，他们痛哭并大喊：'我的儿子！''我的女儿！'哭喊过后，便绝望地离开了，有些人上来拉住这位父亲，说：'太晚了，没有希望了'"，读出人们的绝望与放弃；从"消防队长挡住他：'太危险了，随时可能发生大爆炸，请你离开。'"，读出父亲奋不顾身；从"他挖了8小时，12小时，24小时，36小时，没人再来阻挡他。他满脸灰尘，双眼布满血丝，衣服破烂不堪，到处都是血迹"，读出父亲的不放弃，读出父亲的坚持；从"挖到第38小时，他突然听见瓦砾堆底下传出孩子的声音：'爸爸，是你吗?'是儿子的声音！父亲大喊：'阿曼达！我的儿子！''爸爸，真的是你吗?''是我，是爸爸！我的儿子！'"的对话中，读出儿子死里逃生，父子重逢的欣喜；从"父亲声音颤抖地说：'出来吧！阿曼达。''不！爸爸。先让我的同学出去吧！'"的对话中，读出阿曼达的先人后己；从"不论发生什么，我总会跟你在一起！"，读出父亲的诺言，读出父亲的爱；从"他知道儿子的教室在一层楼的左后角，便疾步走到那里"读出父亲的营救行动；从"我告诉同学们不要害怕，说只要我爸爸活着就一定会来救我，也能救大家。因为你说过，不论发生什么，你总会和我在一起！"读出阿曼达的自救，靠相信父亲的诺言来支撑生命的一种自救。

……

教师肯定了学生与文本对话的独自领悟，同时又引领学生跳出一味与课文文本平面对话的单维向度，开辟了一个巨大的多维对话空间——学生上网查阅了近期发生的地震，各抒己见。

声音一：2008年5月12日，汶川地震。映秀镇的漩口中学和映秀小学被夷为平地的图片。

声音二：2010年4月14日，青海玉树地震，伤亡惨烈。

声音三：应该建立"汶川地震纪念馆"。

声音四：汶川地震与日本地震对话，并引用了相关网络报道资料。

声音六：新西兰地震无人死亡。

2010年9月4日凌晨，新西兰南岛遭遇7.1级强震。

克赖斯特彻奇市约有40万人口。新西兰皇家地质与核科学研究所4日说，地震发生后14个小时内监测到余震29次，震级从里氏3.7级至5.4级不等。40万居民仅两人重伤。

新西兰总理约翰·基4日午后飞抵克赖斯特彻奇视察灾情。他说，无人在地震中丧生"绝对是个奇迹"。

惠灵顿维多利亚大学地质、环境与地球科学学院教授马莎·萨维奇告诉美联社记者："与海地相比，新西兰建筑物（的抗震能力）更强。"尽管一些老房子坍塌，但它们多以轻型木结构为主，抗震性能较好，因此人员伤亡较少。

漫说"教"与"学"的方式转变

一、"能"与"不能"

1. 为人父母的"能"与"不能"

能给予孩子生命，但不能替孩子生活；

能教孩子许多东西，但不能强迫孩子学习；

能指导孩子如何做人，但不能为孩子的所有行为负责；

能告诉孩子怎样分辨是非，但不能代替孩子选择一切；

能教孩子如何尊重他人，但不能保证孩子受人尊重；

能告诉孩子必须为人生确定崇高的目标，但不能替孩子实现这些目标；

能告诉孩子如何生活得更有意义，但不能给孩子永恒的生命。

2. 为人师的"能"与"不能"

能解放学生的眼睛，但不能代替学生用自己的眼睛看书；

能解放学生的头脑，但不能代替学生用自己的大脑思考；

能解放学生的嘴巴，但不能代替学生用自己的嘴巴对话；

能解放学生的时空，但不能代替学生用自己的灵魂创造。

二、"教"与"学"方式的转变

1. 教与学的关系

（1）教＞学。教师教的内容，学生并没有全部掌握，只能掌握其中的一部分。这种教学效率比较低。

（2）教＝学。教师教的内容，学生能全部掌握，这种教学效率比较高。

（3）教＜学。教师从教学规律、教学指导等方面下功夫，教师重在方法与规律性知识的引领，让学生学会举一反三，触类旁通，继而学会举三反一，提炼浓缩，从而使学生不断超越教师。这是高效率、高水平的教学。

2. "教"与"学"方式怎样转变

（1）意识的转变。

"教"的转变：变"教教材"为"用教材教"；变"机械灌输"为"生命

唤醒"；变"一鸟入林，百鸟无声"的独白为"百鸟朝凤，各鸣佳音"的对话……

"学"的转变：变"要我学"为"我要学"；变"死读书"为"活读书"；变"牛不喝水强按头"为"不用扬鞭自奋蹄"……

"教"的转变，追求的大境界是"不教而教"；"学"的转变，追求的高效率是"活学乐学"。

导语——未成曲调先有情；

对话——语不惊人死不休；

环节——一枝一叶总关情；

过渡——嫁与春风不用媒；

氛围——山雨欲来风满楼；

小结——跃上葱茏四百旋。

（2）形态的转变。

教学目的——变"单纯应试"为"让学生知识更渊博，智慧更富有，人格更高尚"。

教学方式——变"注重教师的教"为"注重学生的学"，变"封闭式教学"为"开放式教学"。

教学过程——变"千课一面、老生常谈"为"跌宕起伏、错落有致、曼妙丰赡"。

（3）心场的转变。

变"白眼、冷冰、讥讽、谩骂、压抑、折磨"的心灵"屠场"为"一棵树摇动另一棵树，一朵云推动另一朵云，一个灵魂唤醒另一个灵魂"的心灵磁场。

（4）操作转变。

譬如，由单向灌输转变为批注对话。

（一）批注什么（字、词、句、段、篇，甚至标点符号）

（二）怎样批注

[示范一]

1. 教学文本

半小时竟然也成了一个人一生的年龄！生命何其脆弱，时光何其短暂！

2. 批注词语

（1）"竟然"，表示出乎意料。

（2）"何其"，喟叹生命的脆弱与短暂。

3. 批注标点符号

叹号：两个叹号加强语气，加强了"出乎意料"与"喟叹"的语气。

……

[示范二]

1. 教学文本

瑞士是世界上第一个实行电子户籍管理的国家。在那里，婴儿一降生，医院就会立即打开计算机，为婴儿填写户籍卡。

2. 批注句段

批注这句话，不妨和下文对话。

据人民网 2001 年 3 月 30 日讯，国务院第五次全国人口普查专家组组长孙兢新等做客人民网"强国论坛"，就"第五次全国人口普查"话题与网友进行交流。

在谈到此次人口普查的总经费问题时，孙兢新说：关于这次人口普查总的经费开支，由于现在普查工作还在进行中，按照预定计划要在 2002 年底才能结束。应该说按照第四次普查经费情况看，中央财政开支 2.3 亿元，地方财政开支大约 3.3 亿元，大体上一个居民平均 1 元钱左右。据我了解，第五次普查经费，中央开支比上次翻一番，地方开支恐怕也要翻一番，预计总的开支也要翻一番，大约 20 多个亿，每人约 2 元钱左右。

我们现在正在进行第六次人口普查，还要一家一户地统计，费时费钱。为什么有条件的地方不能学一学瑞士，实行电子户籍管理？这样既节省开支，又节省时间。

他山之石可以攻玉，两相比较对话，我们应从瑞士电子户籍管理中学习什么呢？

……

与文本对话犹如走进一片树林，树林中有数不清的财富，既有物质的，也有精神的。有人从林中采到了蘑菇，有人从林中打到了野鸡，有人从林中带回一首诗，带回一幅画……只要走进去，就没有一个人空着手回来。

细节是走心的

从学校毕业十年、二十年以后，随着岁月的流逝，书本上和试卷上的那些知识，都渐渐地还给了学校，最终沉淀下来的，无非就是一些教育细节。

细节是走心的，经久不磨，历久弥新。

一、细节，于细微处见功夫

说到细节，我想到全球票房创收一度高达 20 亿美元的《阿凡达》。《阿凡达》上映后，《新京报》评论："我们技术落后 100 年""中国电影人的完败"。

到底哪里完败？中国电影同行阿甘说是技术落后；陆川说是情操落后；在影评人韩浩月看来，应该是"想象力"落后，他认为，"《阿凡达》的想象力是其核心价值"。在我看来，这个想象力，就是细节的表现力。

最有魅力的细节之一当属阿凡达的辫子。有人说，那长长的辫子是清朝的"遗物"，是落后的象征，是讥讽的对象。但在导演卡梅隆看来，潘多拉星球上的植物、动物，一切生命都带有类似 USB 的接口，随时都可以沟通，这便是隐藏在《阿凡达》一根辫子里的宏大与细腻。无论多么繁杂的情况，其实最需要的无非是一根阿凡达的辫子——沟通对话！如果人与兽都能寻找到沟通对话的方式，那么人与人之间、国与国之间、星球与星球之间为什么不能呢？

二、细节，是温柔的征服

作家张丽钧笔下有个故事。

那天，她去新接的一个班里上语文课，结果发现一个男生没有带书。她问他为什么不带书？是不是不知道今天有语文课？男生说忘了带了。同学们笑起来，七嘴八舌地说："老师，他有健忘症！""老师，他一贯这样，快别在他身上浪费时间了！"她笑笑，没再说什么。第二天，她照样到班里来上课。扫了一眼课堂，发现那个男生的课桌上依然空空如也。她没有发作，平静地宣布"上课"。同学们喊"老师好"，她回礼说"同学们好"。要讲课了，

她却突然发现眼镜没有带。衣兜里没有，教案夹里没有，到处都翻遍了，还是没有。她十分不好意思地说："同学们，真抱歉呀，我忘了拿眼镜了。我眼花，离了眼镜什么也看不清。"她很自责，在全班同学的注视下甚至有点不知所措。这时候，她走到那个没有带书的男生面前，说："请你帮我去办公室取一下眼镜好吗？"那个男生受宠若惊，很快就顺利完成了老师交给他的光荣任务。老师接过眼镜，真诚地向男生致了谢，然后说道："一个人如果经常马马虎虎，丢三落四，多么耽误事啊。从今天开始，我和你们大家相约，我们一起来消灭马虎，你们说好不好？"

后来，老师送走了一届又一届学生，在她 80 岁诞辰的时候，崇敬她的人们为她立了一尊汉白玉塑像。在塑像落成的仪式上，那个当年被同学讥为患有"健忘症"的男生激动万分地讲述了上面那个故事。他说，那时候，他不知道老师是在用请求自己帮助的方式来巧妙地帮助自己。但是，自打那次给老师拿了眼镜之后，他就彻底告别了丢三落四的毛病，如今，他已经成为了一名出色的金领人士。

我崇敬这位同行以圣心唤醒了一双怠惰的双脚，以妙手点亮了暗淡的眸光，以温柔拯救了一颗准备自暴自弃的心。

三、细节，能让眼睛说话

生：梅兰芳的眼睛怎么会说话呢？

师：孩子，问得好！你的眼睛很亮，一定会说话！请到前面来，（扶着她站到凳子上）你现在就是梅兰芳了，我说一句话，你用眼睛表现出来，好吗？

生：好的。

师：鱼戏莲叶东。

（该生俯视东边。）

师：鱼戏莲叶西。

（该生俯视西边。）

……

师：一只鸽子从地上飞到空中。

（该生仰视天空。）

师：鸽子在空中盘旋。

（该生用目光在空中画圆。）

……

师：妈妈给你了一只冰淇淋。

（该生眉开眼笑。）

师：怎么搞的，数学才考了六十分。

（该生低眉垂目。）

师：梅兰芳的眼睛很会说话，你的眼睛也会说话了。

……

四、细节，唤醒体验水的金贵

我们将以《七颗钻石》一课为例，对话教学细节。

《七颗钻石》中写道："很久很久以前，地球上发生过一次大旱灾，所有的河流和水井都干涸了，草木丛林也都干枯了，许多人和动物都焦渴而死。"

师："大旱灾"表现在——

生："所有的河流和水井都干涸了，草木丛林也都干枯了，许多人和动物都焦渴而死。"

师：这里的"干涸"与"干枯"可以调换一下位置吗？为什么？

生："干枯"，可以指河流、水井，也可以指植物、庄稼，但"干涸"只能用来指河流、水井，而不能用来指植物、庄稼。

师："所有的河流和水井都干涸了，草木丛林也都干枯了，许多人和动物都焦渴而死。"这是一次（　　　）旱灾。

生：这是一次（严重）旱灾。

今年，云南发生了一次大旱灾。（出示干旱图片）看图，把旱灾写具体。

_____

_____

师：我们知道植物、动物、人都离不开水。没有水，就没有_____，水是_____之源。

生：没有水，就没有植物、动物和人，水是生命之源。

课堂教学三大稀缺

一、稀缺"气场"营造

何谓气场？研究表明，人体的气场分为先天之气和后天之气。先天之气受之于父母，后天之气摄之于口鼻。气场直观表现为血液循环和其他生理物质循环，其核心循环为气循环。

循环之气主要是由气子（无质量，中性）构成，气子又是由虚子和实子（夸克）构成。虚子和实子之间由一种不可知的力结合。虚子是空间又是时间，是信息又是能量，它微小到占无限小的空间，越过了原来的粒子空间界限，进入到一个无区别的共同空间中去，是一切的空间，因而又是无限大的空间，是天人合一的空间，处于混沌状态。在此空间无大小可区别，是虚空间，里面有无限的能量与信息。《道德经》曰："窈兮冥兮，其中有精，其精甚真，其中有信。"这样的空间，是一切的基础，这种能量与信息，进入粒子界则生一切，可依不同的信息规律凝聚形成一切，从而形成可见的宇宙物质。

气场能吸纳一个人成长中的所得所失，包括其外貌、性格、学养、专业、品位、气度、成长阅历、家庭背景等，经过种种排列组合，形成一种独特的潜在能量。这种能量以各种形态附着于人体，形成一种围绕人体的巨大磁场，其磁力就是一种无形胜有形的由诸如感召力、亲和力、向心力、凝聚力等综合而成的独特的人格魅力。

人格魅力气场笼罩内的人互相成就或干扰对方的人格发展。

在有的人面前，你能充分调动和发挥自己的全部能量，人格接近完美；在有的人面前，你调动不开自己的任何正面因素，仿佛恶之花盛开，罪恶占领着你，此时即使想做好人也是心有余而力不足。这与人营造的气场有关。

上海某中学学生王楠子，上课爱插嘴、爱开玩笑，课后爱拉小提琴、爱踢足球——一次老师把体育课改成"正课"，他带头起哄，被班主任作为"标准差生""重点关照"，坐在教室的最后一排。无奈之下，他赴美留学。在美国的课堂上他照样"插嘴"，当场纠正老师的一个错误，老师竟然说他真是个天才。八年后，王楠子成为全美动画比赛个人组冠军，通过动画领域的开拓，还是大四学生的他，已在美国贷款买了一幢三层小楼。

王楠子的案例令人警醒。当下课堂教学充斥着"万山不许一溪奔"的格式化"气场"。格式化"气场"里，大家都成为被大坝牢牢挡住的水库里的静水死水，抛弃的是"百花齐放"，进行的是"百鸟朝凤"，全都朝拜高考这一只"凤凰"。当下课堂教学稀缺的是一种优质教学的软环境——负氧离子高的"气场"营造，这种"气场"是一种长期的人文熏陶与精神滋润。置身其间，享受的是"千鸟和鸣，万花怒放""各美其美，美美与共"的师生对话，其人文气息和精神气息暗香浮动，氤氲课堂，沁人心脾。

二、稀缺"自我"对话

有人问古希腊哲学家安提斯泰尼："你从哲学中获得了什么呢？"他回答说："同自己谈话的能力。"佛语有云："看清楚别人是聪明，看清楚自己才是大智慧。""看清楚自己"的过程，实质上是一种"自我"对话的过程。"自我"对话是一种超能力与大智慧。

当下课堂教学稀缺"自我"对话，泛滥"绑架"对话。

一次教研活动中，听五位教师进行"同课异构"的教学。授课内容为《卖火柴的小女孩》。其中四位教师参阅了"特级教案"，使用了多媒体手段，进行了音乐渲染，对小女孩五次擦燃火柴的原因、过程以及出现的幻觉与破灭，析微析细、读来讲去。尽管氛围凄迷哀婉，环节九曲回肠，直讲得学生心酸落泪，但最后还是殊途同归，九九归一：大年夜，小女孩悲惨地冻死街头且无人同情，丹麦社会何其黑暗，简直是人间地狱！而第五位教师却借助网络，真正"同课异构"了一回。

师：孩子们，童话王子安徒生的《卖火柴的小女孩》，可谓妇孺皆知、耳熟能详，请你们再次与课文对话，说说你的想法。五分钟后，我们交流。

（学生沉下心来默读课文，不时圈圈画画。）

生1：寒冷与饥饿夺走了小女孩的生命，可以想象，她的死是极度痛苦的，为什么她死的时候嘴角还带着微笑？

师：想了解这个问题的请举手？

（约40%的学生举起了小手。）

师：好，我推荐你们读一读作家毕淑敏的《童话中的苦难》。快速上网检索，五分钟后，再谈你们的想法。

（学生充满期待地、全身心地投入到检索和阅读《童话中的苦难》

之中。)

师：其余同学（另外没举手的60％的学生）想了解什么呢？

生2：丹麦今天还有卖火柴的小女孩吗？

师：问得好！我建议你们带着这个问题网上搜索——"丹麦的社会福利制度"，综合有关资料信息，十分钟后再交流。

……

师：让我们共同分享大家的"自我"对话。首先是小女孩冻死的时候为什么嘴角还带着微笑？

生3：毕淑敏在《童话中的苦难》里说道："依我在西藏雪域生活多年的经验，作家笔下所描绘的小女孩临死前所看到的温暖光明的家庭图画，其实很有科学依据。濒临冻僵的人，神经麻痹之后会出现神秘的幻觉——平日的理想都虚无缥缈地浮现出来了。包括小女孩脸上的笑容，也有医学基础。严寒会使人的肌肉强烈痉挛，我当过多年的医生，所见过的被冻死的人，表情都好似在微笑……"由此，我明白了小女孩冻死街头，嘴角还留着微笑的科学依据。

生4：毕淑敏同时说道："小朋友和中朋友们，说句真心话，依我这些年跋山涉水走南闯北的经验，苦难就像感冒，几乎是不可避免的。如果谁告诉你们世界永远是阳光灿烂，请记住——他是一个骗子。"理智告诉我们，生活中不可能永远阳光明媚，总有风雨阴霾。

生5：面对痛苦，毕淑敏告诫："还有一条路是——我们拭干眼泪，重新唤起生的勇气。掩埋了亲人之后，我们努力振奋精神，以告慰天上的目光。我们更珍惜生命的价值和意义，争取用自己的存在让这颗星球更美……"

师：好一个"争取用自己的存在让这颗星球更美……"今天的丹麦公民生活怎么样了呢？还有卖火柴的小女孩吗？请让事实说话！

生6：《丹麦前外交大臣为中国驻丹麦大使馆外交官作关于丹麦福利制度的报告》称，今天的丹麦是世界闻名的高收入、高税收、高福利国家，实行了"从摇篮到坟墓"的全方位免费福利保障体系，国家税收约一半用于转移支付养老金、失业救济、教育、医疗、各类补贴等福利开支。

生7：在丹麦，儿童福利保障的数额很高，儿童照顾服务周到，一般家庭养育子女都不会有后顾之忧，他们拥有完善的服务机构。

儿童日间照顾服务——在哥本哈根，11个月以上的儿童都可以经过申请进入日间照顾中心。按照丹麦福利制度规定，仅人人有份的家庭补贴一项，0—2周岁的儿童每人每年就可以得到补贴12500丹麦克朗；3—6周岁的儿童每人每年可以得到补贴11300丹麦克朗；7—17周岁的孩子每人每年可以得到补贴 8900 丹麦克朗。再加上其他名目繁多的补贴，丹麦儿童享受日间照顾是基本不用父母掏腰包的。

校外中心和俱乐部服务——为 10—14 岁儿童放学后活动服务。俱乐部组织的活动非常丰富，无论是喜欢美术、音乐、文学的孩子，还是喜欢运动、电脑、手工的孩子都可以在这里找到自己的乐土。

儿童健康服务——丹麦儿童满 5 岁之前要接受 7 次预防性的体格检查。这 7 次检查均由自己的通科医生进行，全都是免费的。

儿童文化活动服务——社区为儿童提供多种多样的文化服务形式：一是开办儿童文化之家；二是成立各种儿童协会；三是丰富青少年假期文化生活；四是为儿童参与文化活动提供方便条件，实行各种优惠。

生 8：作为高福利国家，从小学到大学，丹麦的教育全部是免学费的。

……

上文《卖火柴的小女孩》"同课异构"案例中，前四位教师为什么只能"绑架"对话，同课"同"构呢？下面的故事，发人深省。

有一对老夫妻在村西头老槐树下纳凉，老婆问："当家的，皇上天天上山砍柴用的一定是把金斧子吧？"老公冷笑道："蠢婆娘，当皇上还用得着砍柴吗？人家没准儿天天在院子里摇着扇子乘凉，喝小米粥呢。"

鲁迅笔下也有一则笑话，说一个农妇，猜想皇后娘娘是这样享受幸福的——一醒来就大叫："大姐，拿一个柿饼来吃吃。"贾平凹笔下也有个笑话，两个人对着蒋介石的巨幅照片大发议论，其中一个说："不知道蒋委员长一天吃的是什么饭，肯定顿顿捞一碗干面，油泼的辣子调得红红的！"另一位说："哼！我要是当了委员长，全村的粪谁都不让拾，那全是我的！"

不仅村民的"民间想象"有局限，就连美国前总统里根的夫人南希也不例外，她入住白宫两个月后，收到膳食开支账单时，大吃一惊："从没有人告诉我们，总统每吃一顿饭要付钱，而且干洗和使用牙膏等卫生用品也要收费。"

当执教者与文本对话只有"民间想象"的时候，怎敢奢望他引领学生与文本的对话不被"绑架"到"民间想象"的层次上来？

上文案例中的第五位教师，之所以能够"同课异构"，其"异"的本体在于他割断了"绑架"对话的绳索，飞越了"民间想象"的樊篱，飞向了"自我"对话的太虚，解放了学生的"民间想象"，扩大了学生的视野，烛照了学生的盲区，唤醒了学生的智慧。

三、稀缺"生命"关怀

有一年2月14日，我到一所学校去听课。

执教者很聪明，灵慧地抓住契机启发学生："今天是——"

"情人节！"学生立马心领神会。

"请以《情人节，我送_____》为题，写几句心里话。"教师迅速在黑板上板书，十分钟后，开始习作交流。

一个学生写道——

情人节到了，有情人都在赠送礼物，鲜花、项链、戒指……我也有个"情人"——老师！我送老师一双情人眼。有了情人眼，就不再有考古的眼，间谍的眼，医生的眼，法官的眼。因为，"情人眼里出西施"！

……

我为学生对教师情有独钟而击节。如此惜情、惜缘、惜生的学生，不禁让每个为人师者反躬自问："我真的能够理解生命来之不易并珍爱生命吗"？

生命弥足珍贵，在无限的时空中，在宇宙的永恒运动中，每个人只有一次机会来到这个世界。每个人拿到的都不过是一张单程的生命车票。生命之前，生命之后，皆是无尽的黑暗。生命，是一根瞬间划亮的火柴，趁着这短暂的光明正被我们幸运地拥有，让我们张开慧眼，看重生命之轻，看轻生命之重，让课堂里的生命与生命在每个瞬间都能互相发现、互相欣赏、互相帮助、互相促进吧！

94

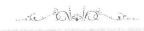

生命对话

没有人是人类的唯一成员，我的身边有你，我与你息息相关，我具有脆弱性与种种限制性，我无法孤身一人实现自己的目标。我与你对话，是一种生命的必需。

——题记

一、何谓生命对话

人类是社会性动物，人与人之间需要交流，人与人之间渴望沟通，这是人类生命存在的一项基本诉求。

生命对话，通俗点讲，即交流沟通；诗意点讲，即心心相会；哲学点讲，即精神相遇；禅宗点讲，即拈花微笑。

二、珍爱生命对话

1. 教育的本体是对话

宇宙的一切道理，都是一加一减，非常简单，好像天平一样，一高一低，这头高了，另一头一定低了。"我—他"关系，重了，就减去"他"，加上"你"。"我—你"就平衡了。这样，对话就可以开始了。

有人说对话很简单，只要不是哑巴，开口即来。

"一"字好不好写？好写。刚识字的娃娃第一个会写的字就是一。但它也最难写，连最好的书法家都怕写"一"。一笔下去，一个书法家一生的功力就会显现。

一经进入对话，便可见一个教师的人文素养。因为，生命教育从本体上讲是心灵与心灵的沟通，是情感与情感的交流，是生命与生命的对话。教育的本体对话，强调的是师生的平等交流与知识共建。

2. "我—你"关系，才是真对话

师与生的关系，如果被定位为"我—他"关系时，必将出现"反对话"。在"反对话"看来，"我"是中心，在"我"的眼里，"他"被筑居于他之世界。"他"是"我"对立的客体，是"我"实现目的的经验对象。"我"和

"他"的沟通不是真正意义上的对话,而是一种独白。

在独白教学中,知识是那些自以为知识渊博的人赐予在他们看来一无所知的人的一种恩惠,教学异化成为"应试"而不得不完成的"搬运"任务:先把教参上的要求和方法,搬到备课上;再把备课的内容,搬到黑板上;接着把黑板上的知识点,搬到作业上;最后把作业上的题目,搬到试卷上。于是,铃声一响,教师便开始了"填鸭式"教学:各种多媒体一用,开始"填鸭子";试卷一发,开始"烤鸭子";结果学生全成了"板鸭子"。

独白盛行的教学,为了实现全方位的控制与统治,"他"沦为"我"经验、利用的对象,成为"我"满足功利、欲求的工具。"我"训练"他",束缚"他",考评"他",甚至蒙骗、迷惑、污染、奴化、命令、颐指、呵斥、盘剥、掠夺、强暴"他"。"我"想方设法打消"他"的探索欲望,抑制"他"永不满足的精神,抹杀"他"的创造力。总之,"我"随心所欲地对"他"单向意志地"注射",经过肉体与精神的驯服与改造,把"他"物化为"它",扭曲其天性,泯灭其个性,使之成为失语、失心、失魂的躯壳。

师与生的关系,只有回归"我—你"关系时,才能平等、自由、公正地进行交流与沟通。师生之间尊重彼此的人格、观点和观念,每个人都认真地倾听他人的意见与想法,每个人都能彻底地表达出内心深处最真实的想法与意见,然后让不同的观点与意见彼此碰撞、激荡、交融,从而让真理脱颖而出。当"我"的全部生命与"你"在灵魂的深处相遇,实现真正意义上的对话时,所有对话者都从中受益,实现双赢、共赢和一赢俱赢。

(1)对话,意味着民主、平等。

民主意味着在形式上承认公民一律平等,民主的本质是平等。

平等,是对话最重要、最基本的理念,在对话的学习中没有"真理"的权威,也没有权威者。对话学习旨在实现不同见解之间的平等。如果能根据对话者推理的有效性,而非其权力的高低来判断对话内容的正确性,对话就是平等的。

(2)对话,意味着理解、宽容。

"我—你"关系,意味着承认世界和他人的差异性与多元性。这样,就多了一些理解与宽容。有了理解与宽容,就更容易接受出错的学生,善待出错的学生。在这个意义上,我们可以说"出错是孩子的权利",甚至可以把学生因思考出现的错误理解为"美丽的错误"。当学生出错时不被挖苦与嘲讽,不被漠视与歧视,反而受到"怂恿"与"纵容",宽松的心理环境更易于改正错误。通过纠错,学生可以提高认识,增强信心,走向完善。

（3）对话，意味着一体、一心。

"我—你"倾心交谈，身体的所有部分，包括心脏、肾上腺素和神经化学物质，都会投入进去。从某种程度上来说，可以称之为形成了"一体"。特别是当我们搁置己见，互相倾听彼此的观点和意见，对这些观点和意见不加评判地接受，那么脑子里的内容就完全一模一样了。有着共同的观念，有着共同的思维假定，这样，大家的观念就立足于同样的基础之上，可以把这种状态称作"一心"。对话进入这种状态，师生不因观念的差异而冲突，而因一体一心而释然，不再存有压力。这样，师生之间可以解除互相防卫关系，真正建立起纯粹的友谊关系。

三、有效践行生命对话案例

案例1：我想穿一天自己喜欢的衣服

5月31日放学后，校长办公室来了一位不速之客，他是一位六年级学生。

只听他小心翼翼地说："校长好，明天是六一儿童节，这是我小学的最后一个儿童节了，穿了六年的校服了，我想穿一天自己喜欢的衣服，可以吗？"

"统一穿校服，整齐美观。正因为是毕业班的学生，你们更应该遵守学校纪律，不能随心所欲，要做小同学的榜样嘛。"校长不耐烦地说。

那个学生像犯了天大的错误，低着头，噘着嘴，悻悻地离开了校长室……

统一着装，当然校长说了算。庙有千僧，主持一人。要穿便装，学生说了不算。人微言轻。

案例2：孩子们不欢迎总统访问学校

旅美华人王惠芸之女，曾任纽约头牌高中斯蒂文森中学学生会主席。那年布什总统视察纽约，特意提出访问该校并作演讲。这是学校的殊荣，校长非常兴奋，可是要经过学生会讨论，于是这位学生会女主席开会通过决议，认为学校内有各国移民，当年美国正入侵伊拉克，因此孩子们不欢迎他！结果布什被拒绝了！

案例3：总统决定全国时间调慢半个小时

2007年9月，委内瑞拉突然更改了时区，把本国的时间调慢了半个小时。

原因是有一个异想天开的孩子，给总统查韦斯写了一封信。他说，因为每天要起早去上学，所以已经很久没有看到早晨的太阳了。他最大的梦想就是能让早晨到校的时间延迟半小时，迎着太阳去上学。

查韦斯亲自组织工作组，对全国的中小学校进行了调查，证明大多数孩子不但看不到早晨的太阳，还因睡眠不足影响了健康和功课。

查韦斯做出决定：全国时间调慢半个小时。时间的变动给这个国家带来了很大的影响。首当其冲的是金融业，为了适应新时间，银行和证券公司不得不召集程序员重新编写电脑软件程序；一些商店的营业额会受到极大冲击；一些政府部门的工作人员要学会适应新时间……这个决定令许多人震惊，甚至有人干脆说他疯了。"我不介意别人说我发疯了，"查韦斯在电视节目上说，"这半个小时可以让孩子们不必在日出前就爬起来上学了。"

孩子，人微言轻，"轻"在他们是孩子。但，孩子会长大。

那个悻悻走出校长室的孩子，在其博客里写道：有一天，我会长大，我要做家长，也有可能做校长，做区长，做市长……我该怎样倾听别人的心声呢？

大人让孩子人微言轻，不费吹灰之力。让其人微言不轻，该有怎样高迈的情怀、雄浑的气魄、卓然的智慧和超拔的操守呢？

案例 4：一封感谢信

真正的对话，是没有疆域的，是不受时空限制的，是从心里流淌的。一位在校的师范生给我写了一封信。

孙老师：

您好！展信快乐！

这个星期我们学院停课两周写论文，由于准备得早，我的论文很快就写完了，但一直不敢发给您看。因为我觉得自己写得不像是论文，很多东西都是您的。我觉得自己剽窃别人的学术成果，践踏学术的尊严（我大学四年了还不会学术研究，自己也感到羞耻和惭愧），所以我一直不敢发给您看。

这段时间一直在看您的《孙建锋经典课堂与创新设计》，内心受到极大的触动，您让我感受到了小学语文教学的魅力，让我坚定了从事教育的信心。以前我的亲戚朋友问我的专业是什么，我总是说语文教育，而不敢大声说小学语文教育。虽然我从来不觉得大学生当小学教师是大材小用，反而觉得更需要艺术，但我就是不敢说。我觉得自己更多的是怕亲友们嘲笑，另外我对教师这个职业的信念有点动摇，所以总是羞于讲真话。但当我看您的课堂实录时，我被深深地感动。我开始重新审视自己，我无数次反问，自己究竟想要做什么，自己又能够做什么。已经大四了，临近毕业，我发现自己已经深深地喜欢上教育专业了，竟有些舍不得放弃。但同时又担心自己的热情不能持久，很怕变成一个没有创新、没有激情、迫于生计混日的教书匠。看了您的课堂实录，我产生了激情与动力，因为我想有一天成为您这么优秀的教师。

"名课解读"我选择了《最大的麦穗》，因为这一课上到了我的心里。现在我把论文一并附上，希望与您对话。谢谢！

盼回函！

湛江师范学院学生：刘金燕

2008 年 11 月 15 日

【我的回信】

刘金燕同学：

读了你的来信，我好生感动，感动你精细而用心地与我的课、我的书对话。

在我看来，教师生命的蜜意，一是行走课堂并虔诚地与学生进行生命对话，二是不断透过写作探触更深的内心世界，并把内心所触及的境界与有缘的读者分享。

读了你的文字，卞之琳的一首小诗倏地浮上心头：

你站在桥上看风景，

看风景人在楼上看你。

明月装饰了你的窗子，

你装饰了别人的梦。

教学创作之路与人生思索之路，并无差别。教学与人生在不同时代写的作品各不相同，少年时代写的作品仿佛站在桥上，青壮年像是站在楼上，自己成为自己眼中的风景；到后来，越走越高，坐在山坡上，前半生就像个可以浏览的视窗，宛然在焉。

愿我们都能保持学习、实践与笔耕的热情，每一天都会站在最高的地方看教育的风景，这样，我们既是看教育风景的人，也是教育风景的一部分。

谢谢在云天的角落每个读我的朋友。

读者，永远是作者笔耕不辍的源头活水！

孙建锋

2008 年 11 月 16 日

后现代教师追求与学生共享、共生、共长

一、"不可试探你的上帝"

《路加福音》记载，魔鬼故意刁难耶稣，把他带到耶路撒冷圣殿顶上，说："如果你是上帝的儿子，就从这里跳下去吧，因为上帝会保护你的。"耶稣拒绝，说："不可试探你的上帝！"

耶稣很有智慧，他不说跳下去会不会死，上帝会不会保护他，而是否定了跳下去的动机。只要跳下去，就是在试探上帝是否真的保护他。他用这个理由挫败了魔鬼的刁难。

这个小故事告诉我们："上帝，是一种信仰。""不可试探你的上帝"，即不可试探你的信仰。信仰意味操守真理。

真理有两类，一类关乎事实，另一类关乎价值。前者属于科学领域，对它们是要试探的，看是否合乎事实；后者属于宗教和道德领域，不可试探的是这个领域的真理。人类的一些最基本的价值，譬如正义、自由、和平、爱、诚信等，是不能用经验来证实和证伪的。它们本身就是目的，我们不能用它们会带来什么实际的好处来功利地评价它们。当然，更不能用违背它们会造成什么样的恶果来检验它们。否则，我们就要付出"试探"的代价。

因此，值得悬为高标的教育理想是"千教万教，教人求真；千学万学，学做真人"。"教人求真"与"学做真人"，不是说在嘴巴上，而是做在教学细节中。说一尺，莫如行一寸。

二、带着求真的情怀走进"后现代"

1. 什么是后现代主义

后现代主义是一个不断变化的概念，它不是一种意识形态，而是渗透到当代社会所有方面的一种生存"状态"。

2. 现代主义与后现代主义的特征

现代主义的规定性特征主要有如下四个方面：一是对科学和技术压倒一

切的信仰和信任；二是推崇科学技术的正面效果；三是认为发展是必然的，是现代思维希望的结果；四是认为概念、公式、观点等总是稳定的，寻求知识的明确表征。

与现代主义对立的后现代主义的规定性特征有如下四个方面：一是信仰多元性，多重价值观；二是对技术的效果进行多方面审视；三是审视发展是否总是必然的，以多种标准加以审视；四是认为知识的状态随着社会进入后工业时代，以及文化进入后现代时代而改变着。

3. 后现代主义的知识观

后现代主义知识观较之现代主义知识观有如下七个变化：一是从确定的知识观到批判性的知识观；二是从普遍的知识观到情境性的知识观；三是从一元化的知识观到多元化的知识观；四是从静态、稳定的知识观到动态、生成的知识观；五是从客观、公众的知识观到个体性的知识观；六是从单一、分离的知识观到网络性的知识观；七是从良构性知识观到非良构性知识观。

4. 后现代主义的教育观

后现代主义教育观主要表现为以下五点：一是人性化的教育观；二是提问式的教育观；三是对话教育观；四是创新教育观；五是民主教育观。

5. 后现代主义的师生观

后现代视野中的师生关系，充满了对权威的消解和民主、平等的对话，同时也提倡对话中的反思和批判精神。教师是一个领导者，是学习者团体中的一个平等的成员，是"平等中的首席"，但这并未抛弃教师的作用，而是得以重新构建，从外在于学生情景转向与情景共存，权威也转入情景之中，教师是内在于情景的领导者，而不是外在的专制者。

三、理论越说越薄，实践越做越厚

案例1：教育的鹄的是"立"人

"青的草，绿的叶，各色鲜艳的花，都像赶集似的聚拢来，形成了光彩夺目的春天。"这是《燕子》中一句有色彩、有形态、有律动、有情味的话。一位教师如此教学。

师：什么样的草？

生（拖着长音，异口同声）：青——草——

师：什么样的叶？

生（同样的音长，同样的音高）：绿——叶——

师：什么样的……

（"的"还没落音，学生已"越位"在先。）

生：色彩——鲜艳——的花。

师：有哪些"色彩鲜艳"的花？

生：有红色的花，有黄色的花，有白色的花……

生（一个皮肤黝黑的小男孩突然"插嘴"）：为什么没有黑色的花呢？

师（一愣）：呦，黑色的花？大家都回过头来看看他的脸！还不够黑呀！

（小男孩在哄笑声中垂下了头。）

师：这样的问题能考到吗？

……

能不能考到，暂且不说；这样的教学，离新课程倡导的理念有多远，姑且不论。我们先打破时空，跨越地域，重温一段经典轶事。

美国黑人民运领袖马丁·路德·金幼时在公园里玩耍，看到一个卖气球的老人，手里拿着五颜六色的气球，有黄色、白色、红色、蓝色……唯独不见黑色的气球。他纳闷地问："为什么没有黑色的气球呢？"

老人听了，将手中的气球松手一放，气球冉冉上升。这时候，老人回过头来对小孩说："亲爱的孩子，气球能不能升空，不在于它的颜色，而在于它里面有没有气。"

与其说小马丁·路德·金善问——他问了一个与自己肤色有着密切关系的问题，不如说卖气球的老人善答——他告诉那个无比看重尊严的黑人小孩，不必刻意盯着自己皮肤的颜色，只要拥有了心气、骨气、志气、浩气，就能为自己赢得广阔无垠的长空，就能立于天地之间，成为一个大写的人！

与卖气球的老人相比，那位"术业有专攻"的教师缺失了什么呢？毋庸讳言，他缺失了一种摈弃唯考是教的襟怀与勇气；缺失了一种因材施教的意识与睿智；缺失了一种在孩子需要心智开启的时候，该说些什么又知道怎样说，且能说得孩子怦然心动、悠然心会的敏锐与巧慧；缺失了一种"一言救世界"般驾驭语言的气象与格局；缺失了一种对良好的教育能给迷蒙的双眼带来澄明、给稚嫩的双手带来力量、给孱弱的身躯带来强健、给弯曲的脊梁带来挺拔的自信与判断；缺失了一种对教育的终极鹄是"立"人的理解与尊奉。

案例2：多一些生命的触动

当孩子的声音触动了我们的耳鼓，那就是音乐；当孩子的行为触动了我们的眼睛，那就是绘画；当孩子的故事触动了我们的心灵，那就是戏剧。

——题记

（一）我想把妈妈变成一只猴儿

《从现在开始》是一篇情趣盎然的童话故事，主要叙述了狮子想找一个动物接替他做"万兽之王"。第一个走马上任的猫头鹰下令："从现在开始，你们都要跟我一样，白天休息，夜里做事！"动物们叫苦连天。第二个就职的袋鼠颁布诏书："从现在开始，你们都要跳着走路！"动物们怨声载道。第三任最高行政长官猴子只说了一句话："从现在开始，每个动物都按照自己习惯的方式过日子。"动物们欢呼雀跃。狮子宣布，从现在开始，猴子就是"万兽之王"了！

一次，公开教学《从现在开始》。王老师引领学生熟读了课文之后，让学生说一说内心的感受。融洽的师生关系、民主的教学氛围，使得该班学生畅所欲言，尽吐"衷肠"：有的说狮子把大官让给别人做，真了不起；有的说猫头鹰和袋鼠让"臣民"像他一样生活，太霸道；有的说猴子思想开放，挺有人情味儿的！

突然，一个男孩子站起来说："我想把妈妈变成一只猴儿！"闻听此言，全班同学哄堂大笑。"为什么？"王老师惊诧地问。

"妈妈安排我星期六上午学国画，下午练书法；星期天上午弹钢琴，下午学英语。每个双休日都是如此，烦死啦！如果能把妈妈变成一只猴儿，她就可以宣布：孩子，你按照自己的喜好过双休日吧！"

全班同学顿时报以热烈的掌声。这些掌声给每一位教育工作者都留下了值得深思的问题：你去适应孩子还是让孩子适应你呢？

（二）老师，别做压路机

嘀——嘀——

"十点多了，谁发的短信？"妻子把手机递给我。

"老师，别做压路机！学生：江浩生。"

"怎么回事？"妻子迫不及待地问。

我把教育随笔里摘录的江浩生的习作《20年后的罗春妹》递给了妻子：

"今天，我作为《逍遥晚报》的首席记者，早早起床准备去采访'肥婆比赛'的冠军得主。

路上塞车，我迟到了。入得赛场，主持人正宣布冠军得主——'本年度最佳肥婆是：33岁，身高1米53，体重203公斤的罗春妹。'

罗春妹，好耳熟的名字。难道是她？我的小学同桌。

于是，我绕到后台，找到了在镁光灯包围下的'肥星'，一看，果然是我的小学同学罗春妹。

'恭喜！恭喜你成为肥星！'我和罗春妹来了个狗熊式的拥抱。

'这是我老公。'罗春妹指了指身边的'世界一级大力士'说。

'哇！久仰！久仰！'我兴奋地说，"真是天配的一双啊！能跟你们照张合影吗？'

'看在老同学的面子上，就破个例吧！'罗春妹顺水推舟，送了我一个人情。

看着罗春妹夫妇在众记者的簇拥下上了轿车，轮胎都快被压扁了，真是羡慕死了，因为肥美是当今最流行的一种时尚呀！"

下午，我找江浩生谈话："你看，同学们有的写20年后的妈妈，有的写20年后的家乡，有的写20年后的中国，有的写20年后的月球……独有你写得另类。"

"老师，书上作文的要求是：'20年后，你和你的同学都长成大人了。那时候，你们会是什么样子……你可以充分地展开想象，然后选择最感兴趣的内容写一篇文章。'难道我错了吗？"

"你回去好好想想，把作文的格调放高点。"临放学的时候我给他布置了一个"思考题"。

没想到他通过手机短信给了我一个答案："老师，请别做压路机！"

"教师岂能做压路机，迫使每一颗'石子'都平于自己预设的作文道路？"

如此回复短信，不知我的学生江浩生满意否？

（三）一脚踢碎一个梦

课外选修活动开始了，一年级钢琴兴趣班的李小强怎么还不来练琴？

据同学"侦查"，李小强正在操场西南角的沙泥地上玩！心急火燎的毛老师决定前去"抓捕"李小强。

操场上，李小强和一帮男同学玩得正欢呢——他们每个人都把干燥的沙土聚拢成一座"小山"，再用弯曲的胳膊肘正对"山顶"轻轻一压，"山顶"便凹下一个坑，然后再往凹坑里撒上尿，不一会，尿便渗进了沙土中，尿泥便和好了。

他们边用手触摸着温润的"尿泥"，边高声地喊着："趁热捏泥人！趁热捏泥人！"

李小强捏得特带劲儿，一会儿就捏好了三个，捏着捏着，他好像觉得前额上有点儿发痒，便随手抓了抓，顿时，抓出了个"京剧脸谱"。

同学们正朝着他笑呢，这时毛老师出现了。

孩子们的笑容立刻僵住了……

"低级、无聊！快去洗手，给我练琴去！"毛老师义愤填膺，一脚踢碎了还散发着孩子们体温的尿泥人……

李小强悻悻地离去，从他怯怯的背影里，我读出了这一脚的代价：毛老师至少在成就一个钢琴家之前先踢碎了一群雕塑家的梦！

案例 3：母亲·老师·孩子

（一）

美国通用电器公司首席执行官杰克·韦尔奇小时候口吃，面对别人的嘲讽，他很自卑。他的母亲却说："孩子，你之所以口吃，正是你的嘴巴无法跟上你聪明的脑瓜的缘故。"后来，杰克·韦尔奇在自传中写道："这是我听到的最妙的一句话，就是这句话使我抖起了精神。"

"遍——遍地的野——野野花……"，课堂上，口吃的二年级小学生孟楚，两腮绯红，还是把课文中的一句话读得支离破碎，搞得同学们哄堂大笑。方老师轻轻地走到她的面前，微笑着说："每个人都是被上帝咬过一口的苹果，都是有缺陷的，只不过有的苹果格外香甜，上帝就多咬了一口。"闻听此言，孟楚扑在方老师的怀里哭了。

（二）

吴昊在树林里玩耍，不小心刮破了裤子。母亲看着孩子裤脚上的破洞，安慰他说："不要紧，哪个小孩不贪玩？你奶奶说，你爸小时候比你还顽皮。"说着，她帮孩子把裤子脱下来，用彩线在破洞上绣了一朵漂亮的小花，好像原来那里就有一朵花。那朵花宛如母亲脸上灿若朝阳的微笑。

开学第一天，看着同班同学都升入了五年级，马弛很难为情地来到四年级的教室门口，迟迟不敢进去。大学刚毕业的新任班主任李老师把踟蹰的他领进了教室。

"欢迎我们班的新同学。"李老师带头鼓掌，亲切地扶着他的肩膀说，"同一个年级，马弛同学念了两次，于是就拥有了双倍的同学与老师。多么幸福呀！"

教室里响起了热烈的掌声。马弛在掌声中快乐得如小鸟一般"飞"向座位。

（三）

星期天，大卫正带着他五岁的儿子约翰修剪家门前的草坪，妻子喊他到室内接电话。小约翰趁机推起割草机在花圃"施展才华"，所到之处，花尸遍地。大卫看到自己精心培育的花草顷刻间惨遭厄运，怒不可遏，冲着约翰抡起了拳头。这时，妻子简走过来轻轻地拍了拍他的肩膀，温柔地说："我们是在养孩子，不仅仅是在养花！"

（四）

那年三月，乡村小学的校门口铺了一条水泥路。放学时，孩子们好奇地把手中的玻璃球按进刚刚铺就的水泥路上。有人向校长"举报"。校长没有斥责这些孩子，而是号召更多的孩子拿来各种颜色的玻璃球，并和他们一起在水泥地上嵌出自己心中最美的图案。一会儿，水泥路就化作了童话般的五彩路。每天上学，孩子们都兴高采烈地走在镶着自己童年梦想的五彩路上。

读了这些经久不衰的故事，我们不禁要追问：孩子究竟从中享受到了什么？人们可能会见仁见智，言人人殊。但在我看来，孩子首先享受家庭，准确地说是享受母亲。母亲是所有生命的发源地，是所有情愫的根系，是绵延生活的港湾。享受母亲就是享受母亲言传身教中所表现的机敏的睿智、阔达的胸襟与豪气的眼光。其次是享受学校，确切地说是享受教师。教师是传承文明的使者，是点亮心室的明灯，是精神旅途的向导。享受教师就是享受教师教学中带来的刻骨铭心的体验、闪光的智慧与高远的情怀。

生而为人，孩子不可能自主地选择母亲，有时也不可以随心所欲地选择教师，看来，孩子最大的幸运莫过于遇到合格的母亲与称职的教师了。合格的母亲与称职的教师终将谙悉，真正成就一个孩子并不完全是板起面孔一味地说教，只需抓住契机，以小见大，灵转地说妙一句话，巧慧地做好一件事，而绝非错失良机，以大见虚，单纯地利用"假大空"的词语包装一些缥缈绝尘的幻境。

耶稣说，在天国里，儿童最伟大。你们如果不回转，变成小孩子的样子，就一定不得进天国。泰戈尔说，在人生中童年最伟大。帕斯卡尔说，智慧把我们带回到童年。孟子说，大人先生者不失赤子之心。为什么伟人都用敬佩的眼光看孩子？因为在他们眼中，孩子的心智尚未被岁月扭曲，保存着最宝贵的品质，值得大人们学习。

与大人相比，孩子诚然缺乏知识与阅历，然而，他们富于好奇心、感受力和想象力。他们诚实、坦荡、率性，正是这些最宝贵的智力品质与心灵品质，使他们能够不受习见与功利的支配，用全新的眼光看世界，凭真兴趣做事情。只有葆有童心的人，才懂得欣赏儿童。

后现代教师追求与学生共享、共生、共长，意味着望穿秋水的眼睛，怎样与孩子天真无邪的目光聚焦；意味着踏破滚滚红尘的双脚，怎样与孩子踏青、赶海的脚丫共舞；意味着春秋几度风雨侵蚀与茧化的心，怎样与孩子无忧无邪、澄澈透明的心相印。

第 三 篇

对话之口语交际

好的口语交际教学，要做到清楚、准确、简单。

清楚，意味着教学目标清晰明确，清楚的标准有且只有一个——养人；准确，意味着教学信息准确，准确的标准有且只有一个——真理；简单，意味着教学操作可行，简单的标准有且只有一个——受用。

这就好比射击，目标要清楚，打击要准确，扣动要简单。

养人，就要给人时间，给人空间，让人自由生长。课上，教师要力所能及地把本该属于学生的最宝贵的时空还给学生。

真理，就要让人自己观察、自己探索、自己发现。课上，教师要用智慧引导学生用自己的眼睛看，用自己的脑袋想，用自己的嘴巴说，用自己的手写。

受用，就要心与心对话。课上，教师要用心呵护心，用心唤醒心，用心感动心，用心营养心。

漫谈对话视野下的口语交际

一、对话的释意离不开相应的文化背景

譬如，甲说"床前明月光"，乙对"地上鞋两双"。设若离开了唐诗的背景，离开了"床前明月光"的"庄"，"地上鞋两双"的"谐"也就丧失了效果。

又如一则股市调侃的笑话。

证监会：近期不要进入股市，否则……

股民：怎样？

证监会：宝马进去，自行车出来；博士进去，痴呆出来；姚明进去，潘长江出来；骆驼进去，老鼠出来；鳄鱼进去，壁虎出来；蟒蛇进去，蚯蚓出来；老虎进去，小猫出来；牵狗进去，被狗牵出来；男人进去，太监出来；少女进去，老太婆出来；巴西足球队进去，中国足球队出来；黄世仁进去，杨白劳出来……总之，就是地球进去也是乒乓球出来！

股市有风险的调侃之所以形象、生动，是因为赋予了类比的两极反差。

二、离开文化背景谈对话，会茫然无知

对话存在于一定的文化背景之中，同样的对话内容在不同的民族、不同的文化中，所表达的含义不尽相同，因此，离开文化背景谈对话，会让人茫然。举例如下。

"这次抢劫没有成功！封死角度！"

"打得太正了！贴住他！"

"打后腰！铲人！"

如果熄灭灯，闭上眼听这段对话，会感觉非常恐怖。知道的是世界杯解说，不知道的还以为是劫匪在讲话呢。

有一次，道悟禅师问云岩："观世音菩萨有千手千眼，哪一个眼睛是正眼呢？"

云岩："如同你晚上睡觉，枕头掉到底上，你没睁开眼，手往地下一抓

就抓起来了，你用什么眼抓的？"

"师兄，我懂了！"

"你懂什么？"

"遍身是眼。"

云岩一笑："你只懂了八成！"

道悟疑惑地问："那该怎么说呢？"

"通身是眼！"

"遍身是眼"，这是从分别意识去认识的；"通身是眼"是从心性上无分别智慧上显现的，后者更有禅意。

三、我的对话观

1. 生活即对话

一个人很难自觉意识到生活就是对话。我们吃别人种的粮食，穿别人缝的衣服，住别人造的房子。我们的大部分知识和信仰都是通过别人所创造的语言由他人传授给我们的……个人之所以成为个人，以及他的生存之所以有意义，与其说是靠个人的力量，不如说是由于他是伟大人类社会的一个成员，从生到死，社会都在支配着他的物质生活和精神生活。换句话说，终其一生，我们都在与生活对话。

2. 生命即对话

生命原点的对话——精子与卵子对话：每一个生命，只有一次机会，如果他失去了生命，他就再也没有第二次机会了。所以，我们每个人对自己的生命要珍惜，对别人的生命要关爱。

3. 对话即相遇

人与人相遇，是人生的基本境遇。

一对男女原本素不相识，忽然生死相依，成了一家人，这是爱情的相遇。

一个生命投胎到一个人家，把一对男女认作父母，这是亲情的相遇。

两个独立灵魂之间的共鸣和相知，这是友情的相遇。

爱情、亲情和友情是人生中最重要的相遇。

相遇是一种缘，是一种偶然而又珍贵的缘。

4. 对话即命运

茫茫人海里，你遇见了这些人而不是另一些人，这决定了你在人世间的命运。你的爱和恨、喜和悲、顺遂和挫折，这一切都是因为相遇，因为对话。

在相遇中，你不是被动的，你始终可以拥有一种态度——对话。对话组成了你的外部经历，对相遇的态度组成了你的内心经历。

请记住，除了现实中的相遇之外，还有一种超越时空的相遇，即在阅读和思考中与伟大灵魂相遇，相互对话。这种相遇与对话使你得以摆脱尘世命运的束缚，生活在一个更广阔、更崇高的世界里。

四、对话的奥秘

在爱默生看来，我们的眼睛是一个圆，它所形成的地平圈是第二个；整个自然界里，这种基本图形没完没了地重复着……

我们的人生是一个自我发展的圆。它从一个卵细胞开始，向四面八方衍生，不断出现一个个越来越大的圆，圆的大小取决于个人灵魂的力量或真诚。对话就是一种圆的比赛。

五、对话与口语交际

1. 对话

在巴赫金看来，对话是"同意或反对关系、肯定和补充关系、问和答的关系"，其立足于双方互相尊重、彼此信任和平等互助的基点，是通过言语交流、倾听感悟和吸纳吐新而进行双向沟通、共赢共生的一种活动方式。

在克林伯格看来，在所有的教学中，都进行着最广义的对话，不管哪一种教学方式占支配地位，相互作用的对话都是优秀教学的一种本质性标志。教学原本就是形形色色的对话，通过对话，学生不仅获得了生活的知识，更重要的是获得了对话理性，并在启发式、探索式的对话中获得了主体性发展。

对话追求对话者之间相互唤醒、相互触动、相互营养、相互增值的心灵成长过程。

伪对话俨然如街头争吵，声嘶力竭、恫吓谩骂，因为心与心的距离很远；真正的对话，宛如恋人的轻声细语，有时甚至根本不需要言语，眼神就够了，因为心与心的距离很近，甚至早已经没有了所谓的距离。

2. 口语交际

口语即口头语言；交际即人与人之间的交往，通常指两人及两人以上通过语言、行为等表达方式交流意见、情感、信息的过程。

理想的口语标准是准确、清楚、明白、顺畅、幽默；理想的交际技巧是

大巧若拙，没有技巧。

口语交际是一种教学策略和方式，是听话、说话能力在实际交往中的应用。

《义务教育语文课程标准（2011年版）》指出，小学口语交际的教学目标是，具有日常口语交际的基本能力，学会倾听、表达与交流，初步学会运用口头语言文明地进行人际沟通和社会交往。

教学即对话。离开对话谈口语交际，无异于缘木求鱼。对话是口语交际的"场域"，口语交际是特殊的对话。

六、口语交际"用教材教还是教教材"

1. 对话教材

中国教育的核心问题是教育内容的问题，即教材中写什么、教师教什么、学生学什么，离教育应有的宗旨和目标太远，甚至偏离得越来越远。有人说，我们教学的内容和教学的过程，渗透了太多的毒素。

（1）毒素之一：迷信教材，压制怀疑和探究。

中国学生从小学开始，就被要求迷信课本，迷信教师，迷信答案。从小学到中学，日积月累，学生的思维被课本上的说法、被教师的判卷、被标准答案所固化，不仅出不了所谓拔尖创新人才，甚至会越学越糊涂，连常识都忘记。

一位赴美留学的中学生，每次考试几乎都是满分，一直为国内给他的"优质教育"洋洋得意。一次，老师问他："水的沸点是多少？""100℃。"他肯定地回答，心想这太小儿科了吧。

老师反过来问："你有什么依据？拿实验结果给我看。"

于是，他开始做实验，兴致勃勃地烧水，测温度。然而结果让他泄气，不知是因为气压还是水的纯度问题，测出来的沸点的确不是100℃。

老师意味深长地对他一笑："呵呵，不是100℃哦！"这件事一下子击毁了他十几年来的固化思维。

任何科学的结论都有它的前提；任何目前我们奉为真理的理论，都有被证明为谬误的可能。

这些科学的常识、教育的常识，在我们的教育中为什么提得那样少？是怕催生了人类心中天然存在的怀疑的种子吗？然而，压住了怀疑的种子，也就压住了好奇的种子、思考的种子、探索的种子，还谈什么创新型人才？

为什么不能像国外的一些教材那样，在小学课本的第一册，就老老实实地写上：我们现在所学习的知识，只是人们到目前为止对这些事物获得的看法，今后，可能会有新的证据证明这些知识、这些看法是错误的，而证明这些知识是否有错误、能否发现新的知识正是我们学习的目的和过程。

正如哈佛大学校长内森·马什·普西所言，教师的任务并不是将事实种植在学生的脑子，而是将所要教学的内容置于学习者面前，运用互感、情绪、想象，唤醒求学者那贪婪的谋求解释与真知灼见的内在动力，为的是拓展他们各自的人生，向其生命注入意义。

(2) 毒素之二：编造谎言，欺骗孩子幼小的心灵。

一位名叫何易的赴美留学生，一次问自己的美国同学："你们听说过爱迪生七岁时救妈妈的故事吗?""什么!"美国孩子纷纷瞪大了眼睛，发出夸张的惊叹。"哦，亲爱的，这跟鳄鱼会跳舞有什么区别!"美国孩子耸耸肩，摊开双手，表示这个问题极不可思议。而在何易读过的人教版小学二年级语文教材中，确实有一篇名为《爱迪生救妈妈》的课文：爱迪生的妈妈得了急性阑尾炎。医生苦于房内只有几盏油灯，无法进行手术。刚满七岁的爱迪生，利用镜子的反光原理，让医生在明亮的反光下，为妈妈成功进行了手术。它提示孩子们，所有有成就的伟人，都有着美好的品德。

何易不死心，继续向几位从事相关研究的教授发出邮件，教授们纷纷回复："此事无从考证。"他又去学校图书馆查阅《爱迪生传》，仍旧没有"救妈妈"的记录。继续调查，何易发现，医学史上对于阑尾炎手术的最早论述是在1886年，而爱迪生生于1847年。也就是说，爱迪生七岁时，不会有阑尾炎手术的说法。何易还咨询了自己的父亲，一位有着二十多年行医经验的外科医生。何易的父亲的说法是，油灯反射属于"有影灯"，这样的条件根本无法进行阑尾炎手术。

让何易痛惜的是，为什么这个谎言让他相信了将近二十年? 如果不是自己鬼使神差地产生了一点"求真"的念头，那不是要被蒙蔽一辈子吗?

驱除教育中的毒素，说复杂也复杂，说简单也简单。简单的做法，那就是课本上写真话，教师在课堂上讲真话，学生在回答提问、做作业、写作文时也敢说真话。所谓真话，就是有依据的话、讲道理的话、可以探讨的话、可能被证明为是错话的话。

好的教材，就是讲真话的教材，让学生一卷在手，可以代替教师；好的教师，就是讲真话的教师，不需要教材，也能教出有灵性的学生。

下面我们通过案例，来欣赏案例中教师是如何运用教育智慧与教材对话的，进而共同感受教育的无穷魅力。

案例1：享受一流的教育

怎样才算享受过一流的教育？如果你置身如下的教育场景之中，就会获得会心一笑的体悟。

公开课前，执教老师端着一杯矿泉水，慢慢地从三年级学生的座位旁边走过，边走边说："请大家集中精力，注意品味空气中的'香'味。"然后，他回到讲台上，把杯子举了举，问："哪位同学闻到了杯中水的味道？"有一个学生回答说："我闻到了，是香味儿！"他再次走下讲台，端着杯子，从学生的旁边走过，一边走，一边叮嘱："请你们务必集中精力，仔细嗅一下空气中的气味。"

过了一会儿，他第三次走到学生中间，让每一位同学都嗅一下杯子中的水。这一次，除了一位同学外，其他同学都举手说闻到了"香味"。

老师问那位"与众不同"的学生："你为什么不举手？"

"我相信自己的鼻子！"他坦然作答，"什么味道也没有！"

"对！应该相信自己的鼻子！这是一杯矿泉水，一杯什么味道也没有的矿泉水。"老师激动地说，"孩子，让我吻一下你的鼻子，好吗？"

孩子微笑着点了点头。

于是，老师蹲下身来，双手捧着他稚嫩的面颊，在他的鼻尖上，不，确切地说是在他记忆的深处，留下了意味隽永的一吻。

顿时，礼堂里几百名听课的老师掌声雷动。

如果你置身那时那地，目睹那激动人心的"一吻"。难道你仅仅会为那个激情的动作惊喜不已？难道你没有领悟到在这妙趣横生的动作背后还蕴含一种肯定，一种对"在千百万个人中间，有一个人站出来"的勇者的肯定？还蕴含一种赏识，一种对在人云亦云、随声附和的主流大合唱中独树一帜者的赏识？还蕴含一种唤醒，一种对特立独行者沉睡着的独立思考与判断意识的唤醒？

在这种唤醒里，我感受到了一流的教育所承载的道义——服膺于孩子天性的引导而"纵容"他们讲出真相，拒绝成为谎言和假话的同谋，以及不轻信于精神掠夺者的领唱而秉持着独立思考与判断的操守。

在这种唤醒里，我感悟到了谁才是真正享受过一流教育的人——在我们这个时代，在我们中间，在面对真假与是非考验的关键时刻，谁能够独立地思考与判断，谁能够坚持自己的思想与洞见，谁能够如流地裁判与决断，谁就是真正享受过一流教育的人。

在这种唤醒里，我欣赏到了一流教育润泽心灵的大美——那是一种街道睡了而路灯醒着，泥土睡了而树根醒着，鸟儿睡了而翅膀醒着，肢体睡了而血液醒着的雪落无声的诗意美。

案例2：今天聘你做编辑

师：今天，我们在座的同学都有了一个新的职位！

（学生表现出惊讶和欣喜！）

师：你们都是历史教科书的编辑！

（学生高兴地交头接耳。）

师：大家推荐三位中国历史人物入选课本，并说出你选择的理由。

（学生选择的人物五花八门，但不外乎帝王将相、民族英雄、文化名人等。）

师：我们一起了解一下美国教科书是怎样选人的好吗？

（学生充满好奇、期待的眼神。）

师：第一个被选中的人物是陶渊明。

生：啊？

师：请猜测一下理由？

生："采菊东篱下，悠然见南山。"诗写得好！

师：有道理。他的上榜理由是，过上流生活，出淤泥而不染。麦基在《世界社会的历史》中的解释颇有代表性："他不是一般的中国农民，他跟士大夫阶层的人士保持着紧密联系，经常在一起喝酒吟诗。他的作品反映了他对这样简单的田园生活很满足，甚至把这种生活美化成世外桃源。"作者希望学生领略到，在魏晋南北朝的时代风气下陶渊明的与众不同："陶渊明就是在这种乌烟瘴气的环境中，寻求超脱与自然。"

师：再猜测一下，第二个入选的历史人物会是——

生：秦始皇。他是第一个皇帝，统一祖国，统一文字，统一度量衡，修建万里长城！

师：他们选中的第二个人物是杨玉环。上榜理由：浪漫。

（学生顿时哄堂大笑。）

师：斯特恩斯在他的《全球文明史》中提到了唐玄宗的贵妃杨玉环。这部教科书用了整整两页的篇幅讲述杨玉环的故事，还配了一幅《贵妃行乐图》，渲染她的雍容华贵和婀娜多姿。这部教科书讲述完唐玄宗和杨玉环的"浪漫史"后指出，他们的感情是"最著名的，也是最不幸的"。选择这个人物，纯粹是考虑到青年学子的口味，浓浓的生活气息颇让人感动，显现出教科书的温馨和人情味。

师：被选中的第三位历史人物呢？

（一个学生说"孙悟空"，惹得全班学生哄堂大笑。）

生1：孙悟空是小说中的人物。

生2：如果现代的也算的话，我选张国荣。理由是，他的歌让很多人如醉如痴。

生3：姚明。美国人都认识他！

师：被选中的第三个人物是李自成。上榜理由：仅靠暴力夺权改变不了旧的为政方式，要引以为戒。

布利耶特所著《地球和居住其间的人民》介绍李自成时写道："李自成的农民起义军，成功只是短暂的。明朝将领吴三桂相信，跟李自成那样没有文化而很有暴力倾向的人在一起，很难共事。他就和满族结成了联盟。"美国人所关注的，并非谁来当皇帝的问题，而是某种社会形态是否发生了本质改变。他们认为，倘若李自成获胜，不过是牌桌上换了一个庄家，玩法没有任何变化。

（3）用教材教。

① 口语交际的教学设计要有"创感"。

口语交际教学设计案例：《"在巨富中死去，是一种耻辱"》

教材内容：人教版，五年级上册。

教学目标：切入生活，联系实际，师生对话，领悟格言"在巨富中死去，是一种耻辱"的真谛。

教学重点：心灵对话，领悟格言。

教学时间：1课时。

教学流程：

一、实话实说

1. 设计理念：生活化、时尚化、情趣化，是对话切入的背景。

2. 预设举要。

师：同学们，我们聊一聊钱吧，实话实说，你们喜欢钱吗？

生：——

师：为什么？

生：——

师：在合法的前提下，凭着你的能力与智慧，今生，你打算挣多少钱？

生：——

师：在崇尚物质的时代，钱不仅是财富的象征，而且可以极大地满足和丰富人的物质生活。所以，我们可以理解，为什么许多人对钱一往情深，甚至趋之若鹜。

二、世界富豪

1. 设计理念：代表性、典型性、认同性，是对话展开的支撑。

2. 预设举要。

师：请看《福布斯》全球富豪榜排名。同学们，知道连续十几年蝉联富豪榜首的是谁吗？

生：比尔·盖茨。

师：他拥有高达 560 亿美元的巨额财富。

三、畅所欲言

1. 设计理念：坦诚、率真、自由，是对话释放的源泉。

2. 预设举要。

师：假若 560 亿美元的巨额财富，划归你的账下。你拥有绝对的支配权，你打算怎么消费呢？

生：——

3. 过渡。

被美国人誉为"坐在世界巅峰的人"，曾蝉联《福布斯》世界首富 13 年的比尔·盖茨，在他 50 岁生日时退休，将自己的 560 亿美元（约合人民币 4530 亿元）财产，全数捐给名下的慈善基金，而不留给自己的子女一分一毫。

四、"换位"思辨

1. 设计理念：换位心、同理心、同情心，是对话深入的命脉。

2. 预设举要。

师：曾经有人计算过，比尔·盖茨拥有的 560 亿美元财富，可以买 31.57 架航天飞机，或者 344 架波音 747，拍摄 268 部《泰坦尼克号》。

560 亿美元，如此诱人的天文数字，比尔·盖茨没留一分一毫给儿女。如果你是他的儿子，你会怎样对老爸说？

生：——

师：如果你是他的女儿，你又怎样对老爸说？

生：——

师：如果你是他的妻子，你又怎样对比尔·盖茨说？

生：——

师：如果你是比尔·盖茨的父母，你怎样跟儿子说？

生：——

师：如果你是比尔·盖茨的岳父、岳母，你怎样跟女婿说？

生：——

师：如果你也是一名富豪，是一名仅次于比尔·盖茨的富豪，你怎样跟比尔·盖茨说？

生：——

师：比尔·盖茨听了你们的话，他又会怎样说？

生：——

3. 过渡

我们都不是比尔·盖茨，我们只能在他心灵家园前徘徊，只能凭着自己的理解去想象比尔·盖茨的内心。

五、聆听心音

1. 设计理念：识其人，察其行，听其言，是对话提升的核心。

2. 预设举要。

师：我们无限钦佩比尔·盖茨的裸捐，我们更要虔诚地聆听比尔·盖茨的心音。[投影比尔·盖茨的言论]

——我们决定不会把财产分给我们的子女。如果这样做就等于说我最疼爱那一双子女。

——我们希望以最能够产生正面影响的方法回馈社会。

——我名下的巨额财富，不仅是巨大的权利，也是巨大的义务。

师：说到不如做到，要做就做最好——

2008年6月27日，比尔·盖茨卸任微软公司董事长，并将560亿美元的个人资产悉数移交"比尔和梅琳达·盖茨基金会"的账户，用以全球健康和教育工作，帮助第三世界弱势族群，为贫穷学生提供奖学金，在全球进行艾滋病防治。

让我们重温2007年比尔·盖茨在哈佛毕业典礼上的演讲片段——

"我希望你们30年后再回到哈佛，来共同回顾你们凭借自己的才能和力量实现了什么。我希望你们届时对自己做出评价时，不光是看你们的职业成就，还要看你们对解决这个世界的不平等做了什么事情，看看你们如何帮助那些和你们不在同一个世界上但和诸位一样拥有人类尊严的人。"

师：一花独放不是春。2006年在美国《商业周刊》慈善家排行榜上，沃伦·巴菲特将85%的个人财产，即370亿美元捐给慈善基金，这是美国和世界历史上最大一笔个人慈善捐款。2007年，美国慈善捐款高达3060亿美元，2290亿美元来自个人捐助，其中一半来自收入水平居美国前10%的家庭。

师：看了这些数字，你有何感想？

生：——

师：其实，不单是美国。请看投影——

华人首富李嘉诚 2006 年 8 月宣布将自己的三分之一财产投入李嘉诚基金会，合计约 500 亿港币。李嘉诚的这一声明将会成为中国慈善事业的一个里程碑，将会促进中国慈善事业的更快发展，同时也提醒着内地富豪，是否应回报社会了？

香港的实业家、慈善家邵逸夫先生，二十多年来共向内地捐赠了 34 亿港元，兴建了 5000 多个教育和医疗项目。目前，以"逸夫"两字命名的教学楼、图书馆、科技馆及其他文化艺术、医疗设施遍布中国各地。2002 年，他还捐资创立被誉为东方诺贝尔的"邵逸夫奖"，用以资助全球造福人类的杰出科学家进行研究，目前基金总额已高达 50 亿元。他说："我的财富取之于民众，应用回到民众。"

师：看了这些你又有何感想？

生：——

师：社会在不断进步，不少富豪都认为，当财富累积到一定程度，财富本身就只剩下一个数字，与其守着这个数字，还不如让这个数字发挥更大的作用——回馈社会、帮助穷人。倘若一生积累了大量财富，不愿帮助穷人，又为富不仁，他在告别人世时，就是一种耻辱。

美国第一代超级富豪"钢铁大王"卡内基，既捐出了他的全部身家，又留下了警世的名言——"在巨富中死去，是一种耻辱。"

② 口语交际的教学要有"创造"。

创造性地使用教材，意味着不是单纯机械地完成教材的教学任务，而是灵活、创新地用教材开启学生的大视野，唤醒学生的大智慧，书写学生的大人格。创造性地使用教材，追求把口语交际上到学生的灵魂里。

案例：11 岁男孩采访奥巴马

韦弗："大家好，我是韦弗，我现在位于白宫，准备就教育问题采访美国总统奥巴马。"

奥巴马："你好！很高兴认识你！"

韦弗："我听说你会就教育问题发表一个声明，可以具体谈谈吗？"

奥巴马："好的。在 9 月 8 号，当全美国的年轻人开始陆续回到校园时，我将就教育的重要性发表一个全国性演说……"

谈教育当然难不倒奥巴马，但如果谈校园午餐，美国总统就有些生疏了。

韦弗："你能帮忙改善校园午餐吗？"

奥巴马："事实上我们正在考虑使学校的午餐变得更健康，因为很多学校的午餐放了太多的炸薯条。"

韦弗："我建议每天的午餐都应该有炸薯条及杜果！"

奥巴马："这对你来说也许是美味的，但不一定能确保你健康和强壮。"

韦弗："我超喜欢杜果！"

奥巴马："你喜欢杜果？我也喜欢。但是我不确定每个学校都能有杜果。"

炸薯条和杜果似乎令采访气氛轻松下来，却不料韦弗话锋一转。

韦弗："我注意到作为总统你经常受到一些人的侮辱，对此你有何评价？"

奥巴马："作为总统我受到了什么？"

韦弗："经常性的侮辱。"

奥巴马："哦，你是说人们对我说一些刻薄的话？你知道，当你成为总统时你必须要承担很多事情。"

没等奥巴马摆脱尴尬，韦弗又再将一军。

韦弗："你会灌篮吗？"

奥巴马："已经不行了。我曾经可以，在我年轻的时候。但我现在差不多 50 岁了。"

在短短十分钟的访问中，韦弗天马行空，无所不问，不过最终他还是给了美国总统一个不错的评价。

韦弗："我刚和奥巴马进行了交谈，他很高大，很友好，是个大好人。他说他希望到我们小学和我以及我的朋友打篮球。"

七、口语交际应有以宇宙为课室、与万物对话的情怀

案例：足球是屎壳郎的玩具

2010 年 6 月 12 日，我在长春上课。适值世界杯足球赛开幕。课前，我与学生进行了一段现场生成的口语交际。

师：长春电影非常有名。如果你是导演，让你把昨晚世界杯最精彩的镜头记录下来，你会选择哪个特写？

生：甲壳虫滚动足球。

师：一黑一白，色彩反差强烈。你很有眼力！其实，那甲壳虫就是屎壳郎！

（学生情不自禁地笑了起来。）

师：屎壳郎，熟悉吧？

生：熟悉！

师：足球，熟悉吧？

生：熟悉！

师：屎壳郎与足球对话呢？

生：第一次看，很陌生！

师：从无到有固然是创造，但，使熟悉的事物陌生化，也是——

生：创造！

生：南非世界杯开幕式，让人过目难忘的创造就是屎壳郎玩足球！

师：哦！原来，足球是——

生：足球是屎壳郎的玩具……

师：我们置身的时代，创造的素材早已存在，不过是改变了一些方式，然后就能创造出新的东西，关键就是把这些已经存在的东西如何变得更好或者更独特。诗人艾略特曾说过，蹩脚的诗人去模仿，成熟的诗人去剽窃；坏诗人糟践自己的模仿对象，好诗人将剽窃对象弄得更好，或者至少是更独特。

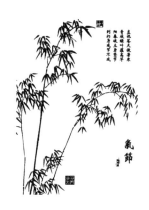

口语交际教学断想

语文的语是指口头语言，文是指书面语言，语文即"口头语言"＋"书面语言"。口头语言是第一性的，是书面语言的基础。语文教学理应"语""文"并重，两条腿走路。任何重文轻语或者重语轻文的教学，都是瘸腿而行，既行不稳，也行不久，更行不远。毋庸讳言，应试当行，笔试受宠，考什么就教什么的功利教育正使得口语交际教学日趋边缘化，甚至被打入"冷宫"。语文教学的另一条腿正日益萎缩。

殊不知，在地球村，身为世界公民，要与各式各样的人打交道，人际关系比任何时代都复杂，口语交际比任何时代都重要。君不见，昂首阔步在成功之路上的，往往是那些能说会道、口语素养高、社交能力强的人。

口语交际教学，意味着在特定的时空内，教师就预设或者创设的话题，引领学生心灵对话。人格平等，对话通畅；人格不等，对话阻塞。

心灵对话当建基在人格平等的教学场里。成人常有这样的经验：三五个对脾气的，在一起正各说各话聊得带劲儿，突然，上司进来插话了，这时大家就会顺着上司的话题说。哪怕心里不赞同，嘴上却说"是是是"。人格不等，弱势者不仅说话前在心理上先跪了下来，而且缺失自信，一如空口袋，难以直立。要么卑微猥琐、木讷寡言，要么唯唯诺诺、人云亦云，要么惶恐不安、欲言又止……

口语交际教学中，说和听是两件要务。说，主要是表达自己的思想情感和意识；听，就是接收他人的信息。听和说像是鲲鹏的两只翅膀，必须协调展开，才能直上九霄。

不能"听"，焉会"说"？先天的聋人有几个不是哑巴？

怎样倾听？还是毕淑敏说得诗意：

"倾听是老老实实的活儿，来不得半点虚假和做作……如果你伪装倾听，就不单是虚伪，而且是愚蠢了。"

"倾听使人生丰富多彩，你将不再囿于一己的狭隘贝壳，潜入浩瀚的深海。倾听使人谦虚，知道山外有山天外有天。倾听使人安宁，你知道了孤独和苦难并非只莅临你的屋檐。倾听使人警醒，你知道此时此刻有多少大脑飞速运转，有多少巧手翻飞不息。"

　　"让我们学会倾听吧。当你能够沉静地坐下来，目光清澄地注视着对方，抛弃自己的傲慢和虚荣，微微前倾你的身姿，那么你就能听到心与心碰撞的清脆音响，宛若风铃。"

　　每个人的认知都是一个圆。圆的半径虽然不等，但其局限一定。唯有对话，才能使圆的面积不断扩大。

真话犹金贵，错话亦无价

——《伟大的人有两颗心》教学过程及反思

时间： 2008 年 3 月 21 日。

地点： 浙江省舟山南海实验学校。

活动： 东南沿海小学语文教学评比观摩活动，应邀上课。

内容： 口语交际《伟大的人有两颗心》教学实录片段。

理念： 教师引领，生生对话。

特色： 因势利导，倡导学生发出不同的声音，激励学生说真话，允许学生说错话。缔造一种开放、民主、和谐的对话氛围。

……

师：请同学们仔细阅读一起发生在美国的校园枪杀案。

（学生默读投影内容。）

师：2007 年 4 月 16 日，是美国弗吉尼亚理工大学建校 135 年来最不幸、最痛苦、最黑暗的一天。因为这天发生了震惊世界的枪击案。

7 点 15 分，凶手怀疑女友与他人约会而发生了争吵。在一名同学主动帮助调解时，失去理智的凶手拔出手枪将他们射杀。

9 点半左右，凶手闯入诺里斯教学楼一间正在上德语课的教室，开枪打死了讲课的教授，接着又丧心病狂地打出了 50 多发血腥的子弹。

这起枪击案共造成 32 人死亡，20 多人受伤。随后，凶手将手枪对准自己的头部，饮弹自尽。

这是美国历史上最严重的一起校园枪击案，令整个世界都感到震惊和悲伤。美国警方很快公布，枪击案的凶手是韩裔学生赵承熙。

师：读了这则骇人听闻的报道，你对杀人凶手赵承熙的行径有何评论？

生：在当时那种情况下，赵承熙怎么能不做出一些不理智的事情呢？他很勇敢，为了女友，也是为了爱，他的做法不完全错。

师：请你走到前面来。从自己的座位走到讲台，既锻炼了自己的勇气，又有了一次和同学们面对面对话的机会。刚才你说赵承熙为了女友、为了爱，很勇敢，他的做法不完全错。同意这位同学观点的请站起来。

（一下子竟然站起来了十几位同学。）

师：我们暂且把"赵承熙为了女友、为了爱，很勇敢，他的做法不完全错"的观点定为正方，反对者为反方。有没有中立的？

（一个男生站了出来表示中立。）

师：中立者，请先听一听正反双方的论辩，好吗？

生：（点头）好！

师：正方的同学说，赵承熙开枪射杀了 32 个人，是为了女友、为了爱，他的做法不完全错。不知反方怎么看？

反方 1：我觉得赵承熙为了女友杀死了 32 个人，为了爱去做这种伤天害理的事情，是不应该的！

正方 1：你设身处地地想一下，长大以后，朝夕相处的另一半如果因为一件事而抛弃了你，你难道就没有一点意念想去伤害那个女的吗？

反方 1：只有不理智的人才会这么做。你必须知道，杀人不是游戏。难道你不知道杀人要偿命吗？

（掌声。）

师：下面听听正方的支持者有什么看法？

正方 2：我觉得赵承熙是由爱生恨。

反方 2：即使这样，也不该杀掉这 32 条生命，要杀就杀掉那个男的就可以了。

师：你（反方 2）的意思是要杀就杀当事者一个人就行了？

反方 3：我认为任何人都不能随便被杀！我反对杀人！

师：我欣赏你（反方 3）的冷静与理智，我赞同你的观点与见解。任意剥夺他人的生命是天理难容的，是要负法律责任的。

正方 3：我认为赵的这种做法不完全错。他是为了女朋友才开枪杀人的，说明他是为别人着想的。

师：反方的观点呢？

反方 4：如果是这样的话，只能说明他是自私的。为了自己的女友，为了一己之利，就残忍地杀害了 32 个人，多么伤天害理，多么惨无人道啊！

正方 4：因为他太爱自己的女朋友了！

反方 4：这是极端自私的爱！

生（正方，一开始提出这种观点的同学）：我的观点是赵承熙为了女朋友而开枪杀人至少证明他对爱是执着的。我们可以设身处地地想一想，他怀疑女友跟别人约会，如果我们是他的话，我们也会有这种心理，所以说我认为他为爱去杀人是对的。

反方 5：我们每一个人，每时每刻都要保持清醒而又理智的头脑，不要遇事就做出那种不理智的行为。赵承熙遇事不能保持清醒的头脑，这只能说明这样的人是愚蠢的。为了女朋友开枪杀人，这只能说明他是错误的，是愚蠢的，是没有好下场的。

师：请继续。

正方5：是赵承熙的女友先对不起他的，他做出这种事情也是正常的。

反方6：赵承熙在没有调查清楚事情真相的情况下，就开枪杀死了他的女友，这是不应该的。

正方5：我认为非常时期就要用非常手段。我举个例子，比如说我们班有个同学本来是很尊重老师的，但如果老师做得很过分的话，有可能导致他的逆反心理。

师：怎么逆反？

正方5：故意跟老师顶嘴。

师：非常时期就要用非常手段，意思是——

正方5：杀人。

反方7：无论什么人，随便剥夺他人的生命，都是不对的，都是要付出惨重的代价的。

反方8：赵承熙最后不也饮弹自尽了吗？

正方6：大多数同学都认为赵承熙为了爱去杀人是非常自私的，有句名言不是说"爱本来就是自私的"吗？

反方9："爱是自私的"，爱一个人也是没有错误的。但是为了争夺爱，就杀人是错误的。被杀的这32个人，都是有人爱的。对爱他们的人来讲，要实施报复怎么办？这样冤冤相报何时了？

反方10：我们来看一下这件事的结局，赵承熙最后选择的是饮弹自尽，他的做法也是对他杀死的那32个人做了一个了结。

师：生命权利是自然赋予的，是人与生俱来的权利。任何人都无权剥夺他人的生命。自古就有"杀人偿命"的说法，凶手赵承熙的死意味着什么呢？意味着古老的"杀人抵命"原则得到了兑现，不过完成之手不在法院，而在上帝。

反方11：在法庭上，你不能说你犯罪是因为你失去了理智。这个世界上很多犯罪行为都是因为失去理智才酿成的，所以我觉得他这样做是不对的。

师：请你到前面，虽然我抱不动你，但我可以扶着你站高一点。（学生站在凳子上）你能把刚才说的话再高声说一遍吗？

生：在法庭上，你不能说你是因为失去了理智才会去杀人的，这个世界上很多犯罪行为就是因为失去理智而酿成的！

师：怎么没有掌声？

（学生热情鼓掌。）

师：这个掌声是没有听明白的掌声，把你的"格言"再说一遍。

生：在法庭上，你不能说你是因为失去了理智才会去杀人的，这个世界上很多犯罪行为就是因为失去理智而酿成的。

（学生再次热情鼓掌。）

师：这次的掌声是因为你们听懂了，你听懂了什么？

生：我听懂了即使一个人失去了理智，也不应该杀人。

生：我听懂了赵杀人是错误的。

师：你在用法律警醒人们。你叫什么名字？

生：孙哲浩。

师：咱们是一家子。请把你的名字写在孙老师名字的上面。你真棒！教会了我们怎样用理智战胜情感的冲动。

师：你想不想总结陈词？（问正方，即首先提出"赵承熙为了自己的女朋友、为了爱，很勇敢，他的做法不一定错"的同学）

生（正方，主动找一位意见相左的同学对话）：赵承熙因为爱而杀人，这是我的观点。你说赵承熙是因为失去了理智而杀人，请问你有没有失去理智的时候？

生（意见相左者）：人不可能没有缺点，但是要在你没有失去理智的时候多想一想做出这件事的后果，这样可能会避免这类事情发生。

师：你（正方）现在认为赵承熙杀人是对还是不对呢？

生（正方）：他杀了那么多人是不对的，但是，作为一个男人他敢作敢为，是勇敢的。

师：老子说："勇于敢则杀，勇于不敢则活。"

反方13：赵承熙不是勇敢，是冲动。冲动是魔鬼！

正方：是的，冲动是魔鬼，但谁又能保证自己身体里没有这个魔鬼呢？

反方14：但谁又能说，一个头脑健全的人不能驱赶自己身体里冲动的魔鬼呢？

师：我们听一听中立者的见解。

生（中立者）：终于轮到我了！

师：让你久等了！

生（中立者）：站在中立的一方，我虽然没有直接参与辩论，但一直认真聆听。我终于明白了，赵承熙爱女友是可以的，无论怎么爱都不过分，但因爱生恨，因恨杀人，是错误的。

师：赵承熙在心理极度扭曲的状态下开枪杀人，是错误的。即使赵承熙不死，法网恢恢，以美国现行的法律制度、开放透明的舆论监督，凶手也不可能逍遥法外，必将受到应有的惩罚。

师：课堂里也好，生活中也罢，面对同一问题，我们难免有不同的看法，能够各抒己见，发出不同的声音。"我不同意你的观点，但我捍卫你发表意见的权利"，这是民主社会和文明公民应该秉持的理念。"万山不许一溪奔，拦得溪声日夜喧。到得前头山脚尽，堂堂溪水出前村。"愈辩愈明的真理，不就像那堂堂溪水？

……

教后，反复咀嚼即时生成与原创不二的对话片段，思绪良多，绵延一片。

一、口语交际教学难点在哪儿

有人说口语交际教学比作文教学还要难。持此观点者认为，口语交际与作文教学虽然都是"输出"，但前者是口语输出，后者是书面语输出。书面语的输出，尚可"冷处理"，允许想想、写写、停停，但口语的输出不能冷场，需要在第一时间机敏作答，而且要口齿伶俐，话语得体。书面语的输出，设若写得不合适，还可以修改，甚至可以重新再写；而口语交际呢？往往是说出去的话，泼出去的水，覆水难收。可见，口语交际做到张口即来、一语中的、恰到好处，这本身就有一定的难度。

靠对话推进的口语交际教学，不仅要求教师的口语水平高，而且要求师生对话、生生对话要有板有眼、入情入理，能够抵达彼此的心灵。这无形之中就构成了口语交际教学的难点。

二、口语交际教学的难点如何突破

那么，怎样突破口语交际教学的难点呢？在我看来，突破难点的金钥匙在于开放课堂。

开放课堂的重要标志是实现教学民主。民主的标志在于让学生发出"不同的声音"。不同的声音源自生生对话。只有生生对话，才能彰显学生民主参与的广度与深度。

记得科恩曾提出衡量社会民主的尺度："如果一个社会不仅准许普遍参与而且鼓励持续、有力、有效并了解情况的参与并且事实上实现了这种参与，并把决定权留给了参与者，这种社会的民主就是既有广度又有深度的民主。"

其实，课堂就是一个小社会。一个既有广度又有深度的民主的课堂，不是一鸟入林，百鸟无声，而是百鸟朝凤，各鸣佳音；不是鸦雀无声，万马齐喑，而是百家争鸣，异彩纷呈。

三、口语交际教学如何有效对话

引领学生与"美国校园枪击案"的文本对话，其旨意不是讨论如何在法律的程序内，给杀人凶手定罪，也不是向幼小的心灵播撒复仇的种子，而是呼唤学生留下一双正常的眼睛，能够明察和辨别什么是美——在遭遇枪击凶案之后，直面血腥惨烈的现状，那里的人们没有失去自信和对文明的信心，没有滋生仇恨，也没有实施报复，而是采取了宽容。当然，宽容是需要条件的，宽容离不开社会正义，离不开社会整体文明与法制秩序的鼎力支撑。如果对"为什么要宽容以及为什么会宽容"的问题有兴趣，要知其然，还要知其所以然，必须开阔视野，与异域文化和文明对话。

在与异域文化和文明对话的过程中，自然会擦出许多"火花"，产生诸多困惑，甚至出现不同的声音。但一定要唤醒学生大胆表白，不说假话、大话、空话，要讲真话、实话、心里话。因为唯有讲真话，才能实现有效对话。当然，要让学生说真话，就要允许学生讲错话。

历史已经无数次证明，人类世界最缺的是真话，而不是"真理"；最多的是谎话，而不是"错话"。对一个社会来说，真正可怕的不是错话，而是在权利绝对正确的前提下对错话、谎话乃至"真理"的强制推销。讲错话并不可怕，因为真相本来就是在一次次"试错"的过程中获得的。因此，在上文教例中，我以积极的方式、阳光的心态，"怂恿"学生讲真话，允许学生说错话，宽容学生说错话。在我看来，敢于说"错话"，不趋炎附势，不唯师者马首是瞻，不谄媚邀宠，也是一种担当。

在推进民主开放的对话教学中，真话犹金贵，错话亦无价。

心灵对话：口语交际教学的华彩乐章

在我看来，对话缺席，口语交际教学就成了缺失音符的荒诞乐章；只有心灵对话，口语交际教学才能奏出华彩乐章。

一、精彩序曲——唤醒自信

唤醒自信，便揭开了华彩乐章的精彩序曲。

毋庸讳言，考什么就教什么，使得语文教学重书面语言，轻口头语言；关乎利害的笔试评价，引无数学子对动手不动口的试卷竞折腰，对做题情有独钟，以至柔肠百结、缱绻万千。君不见，题海里沉浮的人，有几个不是讷于言敏于"写"呢？

殊不知，一个人的语文素养，是书面语言与口头语言的有机整合。更多的时候，在交际场合口头语言能立竿见影地派上用场。

试看今朝，地球村里滚滚人流，熙来攘往，谁人能像鲁滨孙一样孑然孤岛之上，哪个又能与世隔绝存活在真空之中？唯有相互合作，才能共生共长，而彼此沟通、相互联络、维系共存的纽带与工具，首要的便是口语交际。

特别是进入电子时代，人机对话对口语交际提出了更高的要求，它要求一个人"能说会道"。所谓"能说会道"，是指在没有准备或者准备不足的情况下，面对大众讲上三五分钟的话。能够讲得有中心，有条理，有逻辑，有头有尾；讲得准确、得体，有说服力；讲得生动、有趣，有感染力。设若把这个人的讲话录音稍加整理，就是一篇不错的文章。

当然，练就"能说会道"的本领，绝非一朝一夕可为。但"能说会道"的培养，需要建基在自信之上。自信宛如地下沉睡的小草，需要东风唤醒。

因此，课伊始，创设"抬起头来，眼睛平视，大声说话"的情景，可以唤醒学生当众言说的自信。

实践证明，与"清华女孩被拒签"的轶事对话，学生破解了镶嵌在故事中的"自信"密码，领悟了"抬起头来，眼睛平视，大声说话"的要义，收获了与人相处的智慧：自信，就是对话的时候，"抬起头来"——昂首挺胸，

"眼睛平视"——不卑不亢，"大声说话"——有礼有节。

满怀自信，结束跪拜，挺起脊梁，言人人殊，自说自话，这难道不是口语交际的精彩序曲？

二、抒情行板——营造"气场"

营造"气场"，宛如华彩乐章的抒情行板，醉心温婉，浪漫动人。

传播学上有一个统计，一个人说话时靠语言传播的信息只有38％，剩下62％的信息靠的是"副语言系统"，即"气场"传播。在我看来，这种关乎口语交际教学成败的"气场"，就是经由师生同构的人文气息浓郁的对话教学"情感场"。置身其间，你会洞见：教师眉飞色舞，学生眉开眼笑；教师神情激越，学生神采飞扬；教师妙语连珠，学生滔滔不绝；教师棱角分明，学生个性张扬；教师才思敏捷，学生灵光闪烁；教师哲思泉涌，学生智慧流淌……

三、华彩乐章——心灵对话

心灵对话，是华彩乐章升华灵魂的曼妙主题。

1. 真正意义的心灵对话，意味着教师选择大气的话题

教学实证，遴选两起震惊世界的美国校园枪击案作为口语交际的话题，的确撼人心魄，涤荡灵魂，征服人心，使得学生进入了一种庄严的情景，感受到了一种宽恕的大爱，领略到了一种悲剧的大美。

2. 真正意义的心灵对话，意味着教师引领学生与文本对话

开始，引领学生与"枪击案"的文本对话，学生对凶手的罪恶行径怒不可遏，义愤填膺。"假若'以眼还眼，以牙还牙'，人们会怎样对待赵承熙呢？"一石激起千层浪，学生七嘴八舌，各陈己见。

有的说，打回赵承熙50多枪；

有的说，将他的家人全部处死；

有的说，把赵承熙剁成肉泥，喂狗；

有的说，把他五马分尸；

有的说，让他跪在32个受害者的遗像前忏悔；

有的说，美国应该讨伐韩国。

……

一时间，同学们怒火中烧，复仇的火种呈燎原之势。

"以眼还眼，以牙还牙"，读起来只是一个词语，但这种意识一旦植入心

中，融入血里，化作行为，那可就是"冤冤相报，血债血还"了。这难道不是文化的潜在力量？

再次，引领学生与"枪击案"的文本对话，话题集中在"假如让你为枪击案中的死者举行一个追悼会，你会怎样做"。

开放的话题顿时放飞了孩子们的想象。

——我会放大死者生前的照片，悼念他们。

——把他们生前做过的好事发布在各种新闻媒体上，缅怀他们。

——我担心美国政府可能会对韩国实施报复，韩国如果再还击，可能会酿成更大的灾难，那死去的就不只是这 32 个人了。所以，我认为最好的悼念是阻止美国人的复仇。

——我觉得应该让全美国人民记住那 32 个死难者的名字。

——追悼会要在一片很大的草地上进行，旁边还要摆满鲜花。

——为了让那 32 个人永远留在美国人的心里，我会在全美国卖一些纪念品，比如印有死难者头像的项链。

——每天上一节课来讲他们的故事。

——应该关掉全美国的灯！这样死者才会化作天上的星星。

——我认为应该把 32 个死难者的遗愿交给赵承熙的家人，让他的家人还愿。

——应该把这 32 个死难者的遗像做成孔明灯，然后让他们飞向天空。

——把这 32 个死难者做成蜡像放在校园各处。

——我会号召全世界的人们都捧着鲜花去看看那 32 张鲜活的面孔。

——让全世界的学校以这件事为例进行安全教育。

——我会开发电脑软件，把凶手的脸处理成很搞笑的样子，然后让美国人都瞧一瞧。

……

尽管学生虚拟中的种种悼念活动丰富多彩、异彩纷呈，但呈现的思维难免是单向度的。

第三次引领学生与文本对话——

"在 2007 年 4 月 20 日中午举行的遇难者悼念仪式上，放飞空中的气球一共是 33 个，敲响的丧钟也是 33 声。一直看到这些气球消失后，学生们互相拥抱在一起放声大哭。次日，33 块花岗岩悼念碑被安放在校园中心广场的草坪上，其中一块悼念碑上写着'2007 年 4 月 16 日 赵承熙'，旁边放着玫瑰、百合、康乃馨和紫色蜡烛。"

"如此的悼念活动，哪里出乎了你的想象？"

答案呼之欲出：杀人凶手赵承熙也在悼念之列，出人意料。

"是呀！人们为什么会追悼一个杀人凶手呢?"教师第四次引领学生与悼念现场留下的"纸条"对话。

学生读出了宽容，读出了大爱。

3. 真正意义的心灵对话，意味着学生与学生对话

"一鸟入林，百鸟失声"与"鹦鹉学舌，人云亦云"，是伪对话。伪对话一如风干的木乃伊，没有了神韵，缺失了灵魂。真正意义上的对话，是两种声音或者多种声音的复调，是百鸟朝凤各鸣佳音。

重视生生对话权，鼓励学生畅所欲言、相互交流。学生通过个体之间、个体与群体之间思维的碰撞和交融，共享知识，共享经验，共享智慧，共享情感，共享精彩绝伦与曼妙丰盈的语文世界。

4. 真正意义的心灵对话，意味着学生自我对话

心灵对话，追求的终极鹄的就是使学生的自我对话自觉化、习惯化、理性化。

教学案例中"每个人的内心都被悼念的场景深深地触动与震撼了，此时此刻，你最想说什么"与"人心都是肉长的，假如卢刚的父母读了这封非同寻常、撼人心魄而又催人泪下的信。他们也许会对安·柯莱瑞的兄弟们说——"旨在唤醒学生自我对话的意识。学生的自我对话能力既有感性又有理性。

譬如，"宰相肚里能撑船，我们要学会宽容，宽容是一种忍耐，宽容是一种坚强，宽容是一种智慧，宽容是一种潇洒；宽容还是晴空，是阳光，是大海。有宽容的人生之路上才会有关爱和扶持，才不会有寂寞和孤独，有宽容的生活才会少一点风雨，多一点温暖和阳光。此时此刻我最想说，人心不是靠武力征服的，而是靠爱和宽容征服的。我们也应该像弗吉尼亚的大学生学习，懂得宽容。"

再如，"谢谢你们宽容了我的儿子。""我已经失去了一个孩子，我希望能把你们当成自己的孩子，能让我把所有的爱都给你们。""也许他们什么也没说，因为大悲不言说，大恩不言谢!"

......

通过与内心深处那个常常沉睡的另一个自己对话，使其醒转过来，从而发现另一个自己，发现假面具后面一个真实的自己，发现一个分裂的自己的各个部分，发现自己的局限、偏见、愚昧、丑陋、冷漠、恐惧，同时发现自己的热情、灵感、勇气、创造力、想象力与独特个性。

总之，引领学生与两起"枪击案"进行心灵对话，就是引领学生与世界

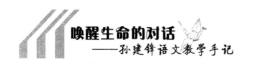

多元性的文化对话，使得学生初步懂得国家与民族起源不同、地域环境与历史过程迥异。人文图景五彩斑斓，不同文明之间可以相互解读、辨识、对话与交融。这样，学生不仅在与悲剧人物的同悲共泣中，获得了宽恕的情怀、博大的爱心、崇高的美感，同时也走出排斥异质文明的狭隘藩篱，走向了共生、共荣、共享的生态文明家园。这时，学生的"心眼"便长大了。

人人心眼大如天，当见山高月更阔。

第 四 篇

对话之习作教学

对话视野下的习作教学有四个追求：追求 "真实" "扎实" "朴实" "丰实" 的教学风尚，追求形式简约、意蕴丰赡的教学环节，追求情趣第一、相机指导的教学艺术，追求首肯原创、"半肯" 评价的教学欣赏。

兴趣，让人走得更远
——小学低年级习作教学贵在养趣

一、一篇有趣的习作教学随笔

这是一家普通的幼儿园。刚刚入园的幼儿被老师带进幼儿园图书馆很随便地坐在地毯上，接受他们的人生第一课。老师微笑着走过来，她的背后是满架的图书。

"孩子们，我来给你们讲个故事好不好?"

"好!"孩子们答道。

于是老师从书架上抽下一本书，讲了一个很浅显的童话。

"孩子们"，老师讲完故事后说，"这个故事就写在这本书中，这本书是一个作家写的，你们长大了，也一样能写这样的书。"老师停顿了一下，接着问:"哪一位小朋友也能给大家讲一个故事?"

一位小朋友立即站起来，说:"我有一个爸爸，还有一个妈妈，还有我……"幼稚的童声在厅中回荡。

教师用一张非常好的纸，很认真、很工整地把这个语无伦次的故事记录了下来。

"下面"，老师说，"哪位小朋友来给这个故事配个插图呢?"

又一位小朋友站了起来，画一个"爸爸"，画一个"妈妈"，再画一个"我"，当然画得很不像样。

老师同样很认真地把它接过来，附在那一页故事的后面，然后取出一张精美的封皮纸，把它们装订在一起。封面上，写上作者的姓名，插图者的姓名，"出版"的年、月、日。

老师把这本"书"高高地举起来:"孩子，瞧，这是你写的第一本书。孩子们，写书并不难，你们还小，所以只能写这种小书;当你们长大了，就能写大书，就能成为伟大的人物。"

人生第一课，在不知不觉之中结束了。

这篇教学随笔记录的是美国幼儿园的一节习作引趣课。他山之石，可以攻玉，希望能给我们的习作教学带来启发。

二、一次有趣的习作教学尝试

上文作为原创的"教学随笔",并不是适用课堂教学的"成品",而只是一种记录教学情怀与思想的符号,它有待于教师凭各自的资质、理念和悟性从意识形态到教学操作进行二度创造——教学设计,只有这样才能成为有血有肉的教学。

我们不妨把教学随笔转化成简案,再将简案丰富完善后呈现为教学。简案设计如下:第一环节为教师讲故事;第二环节为孩子讲故事;第三环节为孩子画插图;第四环节为合作一本书。

三、一组有趣的习作教学反思

1. 教学要投谁所好

2010年,丹麦当选为全球最幸福的国家。《丹麦人的快乐童年》中写道,丹麦的孩子交给父母的是一份"四格成绩单",上面没有语文、数学、社会、自然的分数,也没有教师的评语,更没有排名。事实上,这份成绩单是由孩子自己或写或画完成的,上面只有四个格子,分别是"最喜欢的事情""最讨厌的事情""最擅长的事情"以及"最希望学习的事情"。

可见,教学投学生所好,学生才会兴趣盎然。学生喜欢的课,才是真正意义上的好课。遗憾的是,当下太多的课只照顾成人的感受,而忘却了学生的存在,难怪我们的学生很少感到课堂的幸福。所以,课的评价权要留给学生。不受学生欢迎的课,能算得上真正意义上的好课吗?

2. 学生喜欢《人生第一课》吗

教学实践与调查问卷表明,学生由衷地喜欢这样的课堂。因为时间还给了学生,学生焕发了生命活力;空间还给了学生,学生充满了成长气息;自由还给了学生,学生释放了童真童趣。

3. 以团体为中心的兴趣辐射了吗

学习科学的新发展认为,学习环境在多大程度上是以团体为中心,对学习是很重要的。这里的团体有多个方面,包括教师团体、学校团体与家庭团体等。理想的状态是,学生、教师和其他有兴趣的参与者共同分享学习和高标准的规范,这样可以增加人们之间的互动、接受反馈和学习的机会。

课后,孩子讲故事,家长做笔录,亲自合作"出书",效果很好。

4. 兴趣,可以让人走得更远吗

兴趣,是技巧的技巧,而且是最妙的技巧。

法国诺贝尔文学奖获得者弗朗斯说过："教学的全部艺术就是唤醒头脑中天生好奇心的艺术……"爱因斯坦也说过："教师的最高艺术是唤起对创造性表达与知识的兴趣。"

兴趣，让人走得更远……

简单·真实·有效
——小学中年级习作教学的诀窍

《义务教育语文课程标准（2011 年版）》关于小学中年级习作教学要求如下：

（1）乐于书面表达，增强习作的自信心。愿意与他人分享习作的快乐。

（2）观察周围世界，能不拘形式地写下自己的见闻、感受和想象，注意把自己觉得新奇有趣或印象最深、最受感动的内容写清楚。

（3）能用简短的书信、便条进行交流。

（4）尝试在习作中运用自己平时积累的语言材料，特别是有新鲜感的词句。

（5）学习修改习作中有明显错误的词句。根据表达的需要，正确使用冒号、引号等标点符号。

（6）课内习作每学年 16 次左右。

要完成课标的要求，方式方法很多，但简单、真实、有效可以说是屡试不爽的诀窍。简单即方法简单，真实即过程真实，有效即结果有效。

一、关于简单

1. 简单的，往往被复杂化

在我们的教育教学过程中，有时候本应该简单的，教师却教得很复杂。譬如，有个外国人学中文，第一堂课学 wife 和 husband 两个英文单词的解释，中文教师认真地把所有的注解都写在黑板上，为了让他记住，还布置他抄写五遍——

Wife：1. 妻子，2. 老婆，3. 太太，4. 夫人，5. 老伴，6. 爱人，7. 内人，8. 媳妇，9. 那口子，10. 拙荆，11. 贤内助，12. 对象，13. 孩他妈，14. 孩他娘，15. 内子，16. 婆娘，17. 糟糠，18. 娃他娘，19. 崽他娘，20. 山妻，21. 贱内，22. 贱荆，23. 女人，24. 马子，25. 主妇，26. 女主人，27. 财政部长，28. 纪检委，29. 浑人，30. 娘子，31. 屋里的，32. 另一半，33. 女当家，34. 浑家，35. 发妻，36. 堂客，37. 婆姨，38. 领导，39. 烧火婆，40. 黄脸婆，41. 煮饭的，42. 夜间部同学。

Husband：1.丈夫，2.爱人，3.那口子，4.当家的，5.掌柜的，6.不正经的，7.泼皮，8.不争气的，9.没出息的，10.该死的，11.死鬼，12.死人，13.傻子，14.臭不要脸的，15.孩子他爹，16.孩子他亲爹，17.哎，18.老公，19.猪，20.亲爱的，21.先生，22.官人，23.相公，24.大人，25.挨/杀千刀的，26.老伴，27.男客，28.路旁尸，29.死没人哭的，30.老爷，31.头家。

两个词，抄写五遍一下子变成了900个字，还没到下课，这个外国人已痛苦倒地……

为什么简单变复杂？一言以蔽之，但凡复杂的都是本末倒置，只见表象，不见本质。

2. 复杂的，如何回归简单

譬如，海明威的《老人与海》，洋洋洒洒60多万字，够复杂了吧，概括起来却很简单——从内容上来讲就一句话：它叙述了一个经验丰富的渔人，在海上架着渔竿，抛下鱼饵，漂流了几十个昼夜，终于捕获了一条大鱼，打破了渔人的记录；从励志上来讲就是16个字："水面以下，属于命运"（因为不知道什么时候有鱼上钩，也不知道上钩的鱼有多大），"水面以上，属于意志"（老人要端坐船尾，日夜守候，虽然辛劳，但他绝不终止）；从启智上来讲就是，不知钓者能否得鱼，但知观钓者不能得鱼。

又如四大名著，内容情节也很复杂，但从故事的角度概括起来却很简单：《西游记》写的是妖魔鬼怪的故事；《水浒传》写的是绿林好汉的故事；《三国演义》写的是王侯将相的故事；《红楼梦》写的是达官显贵的故事。

再如广义相对论，1916年，爱因斯坦发表了相对论，当时世界上可能只有12个人能够看懂，可见其难度及其内部的复杂程度，但是，爱因斯坦用一个最简单的质能方程"$E=mc^2$"就表达出来；用一个幽默的比喻就巧解了——当你陪一个美丽的姑娘坐上两小时，你会觉得好像只坐了一分钟，当你坐在炙热的火炉旁，哪怕只坐上一分钟，你会觉得好像是坐了两小时。

3. 天地间最简单的是"一"

"一"，是天地间最简单的。老子说，天得"一"而清明，地得"一"而宁静，神得"一"而生长，王得"一"而使天下安。我想，师得"一"而教学活。

"一"，用在小学习作教学上就是一个字——"玩"。玩即游戏，席勒有句名言："只有当人是充分意义上的人的时候，他才游戏；也只有当他游戏的时候，他才是完全的人。"

当然，游戏也有等级。扑克、麻将很低，桥牌、围棋较高，数学、物理、哲学、作曲、绘画、演奏、写诗、写剧本、建筑设计等则更高。你玩什么，你就是什么人。玩，把人分成三六九等。人的本质是在玩的对象上披露无遗的。

人，就是一个饱暖之后偏爱"玩"的动物。通过各种各样的玩法，人把剩余精力（生理与心理能量）发泄出来，享受发泄的快感。

从精神分析的角度去看，人的一切行为均受两大原则支配：现实原则和游戏原则。从根本性质来说，游戏原则在艺术、科学、教育、哲学领域拥有统辖和主宰的地位。就个人的价值观来说，我推崇、赞赏通过简单的"玩"法而唤醒学生习作兴趣的教学达人。

对于中年级刚刚起步学习习作的学生而言，教师应该引领他们玩一玩（用蔬菜、水果做成各种花、草、虫、鱼），说一说，写一写，通过游戏激发他们的习作兴趣。

二、关于真实

1. 怎样理解家常习作课的真实

在家常习作课里，一切梦幻中所谓的"精彩""曼妙""完美"都不算什么，只有把平凡的油、盐、酱、醋、茶备齐了，一日三餐料理好了，让学生看着你的笑脸过日子，才算真实的。因为，人在孩提时期是笑得最频繁的，也是最灿烂的，那是生命成长的音乐，是真正的天籁。在习作课里，最能看出一个教师教育学生的真实态度就是，笑着和学生一起过习作的日子，而不是自己不下水习作，却逼迫学生写出好文章的勉强，也不是遭遇自己"下笔如有神"而学生却"下笔如遇鬼"的尴尬。

2. 怎样理解习作课里孩子的真实

孩子的视角和成人有所不同。在判断有阴影的图像是凸还是凹的时候，成人的大脑会假定光线来自上方。英国谢菲尔德大学的吉姆·斯通向 171 名 4—10 岁的儿童展示了正方形等浮雕图形和脚印等带有阴影的图像。他们给每个孩子看了 10 张图像，并询问图像是凸的还是凹的。"正确"答案假定照亮物体的光线来自上方。年龄越大，孩子的得分越高，平均分以每一岁 0.43 分（总分为 10 分）的幅度上升。斯通预测，如果其他年龄段的孩子也以相同速度成长，那么婴儿是从第 21 个月开始学习假定光线来自上方的能力的。不过，他们这方面的视觉能力直到 13 岁左右才能得到"充分发育"。斯通说："由于孩子的感知能力似乎更为多变，他们看世界的方式的确与成人不同。难怪他们看到一朵云时总是觉得是一条狗或一头熊。"

对于教师的举动，学生有学生的看法。海伦·P. 摩尔斯拉在《优点单》中写道——

一天上午，马克讲得太多了，我克制不住，犯了一个见习教师式的错误。我正视马克："如果你再讲一句话，我就把你的嘴封起来！"

刚过了不到十秒钟，查克脱口告发："马克又讲话了。"我并没有要学生帮我监督马克，可因为我当着全班陈述过我的惩罚，我不得不付诸行动。

当时的情景我没忘，如同发生在今天早上。我走到我的桌旁，从容拉开抽屉，拿出一卷胶纸带。没说一句话，走到马克课桌旁，撕下两条胶纸带，在他嘴巴上贴出一个大大的"×"。然后返回教室前面。

我瞥了一眼马克，看他怎样反应，他朝我直眨巴眼睛，就这样！我笑开了。全班喝彩。我又走到马克身边，揭掉胶纸，并耸耸双肩。他说的第一句话就是："谢谢您制止我，姐。"

对于写话，学生有学生的写法。例如，学了《一去二三里》后，教师让学生用上一到十的数字写句话。一个学生写道："只要一二瓦房在，三四小河在，五六树林在，七八牛羊在，九十鸟声在，村庄永远活着。"

三、关于有效

1. 从中年级习作目标看"有效性"

（1）中年级习作的隐性目标。

乐于书面表达，增强习作的自信心。愿意与他人分享习作的快乐。

（2）中年级习作的显性目标。

中年级写作仅仅写个片段，有头有尾行，没头没尾也行，但一定要自己写。中年级习作最忌讳的是小孩子写大人话，提倡写有新鲜感的话，哪怕用得还不那么恰当，能写就行。

如果学生的习作在写作方法上能够不拘形式，在内容上能够写自己的"见闻、感受和想象"，同时能够"注意把自己觉得新奇有趣或印象最深、最受感动的内容写清楚"，这样的习作就是有效的。

2. 为什么学生习作要不拘形式

学生习作的有效性意味着注重激发习作情趣与唤醒习作自信，比单纯传授习作技巧重要得多。刚开始习作，就像学走路，有生活经验的妈妈都懂得撒手，鼓励孩子趔趔趄趄、步履蹒跚地往前走，即使绊倒了、摔跤了，还是鼓励孩子自己爬起来，勇敢往前走，只有这样，孩子才能在挫折中学会走路。

现在有的教师把人人都懂的东西，说得人人都不懂。譬如，他喜欢"三维"，就提出什么"知识维、能力维、情操维"；他喜欢"六部"，便主张"情境创设、观察指导、表象操作、思维发展、言语训练、协作学习"；他喜欢技巧，就灌输"凤头、猪肚、豹尾"等。

单纯传授写作技巧有用吗？如果有用，李白的儿子一定是诗人，鲁迅的儿子一定是作家。巴金说过，最大的技巧是无技巧。如果一定说有技巧，也正如陆游说的"功夫在诗外"。

3. 欣赏学生的习作

对习作的评价要坚持鼓励为主的原则，要"蹲下来"看待学生的习作，强化学生的习作兴趣和自信心，让学生乐写、会写。把学生的习作放在博客上交流分享，就是最好的鼓励！教师和学生共同参与习作，就是"蹲下来"看学生！

一年级上学期，入学刚两个月的学生还不会写字，阳光一小吴丽君老师便采用了"学生口述，老师记录"的方式，记录学生的口述日记——

换牙齿

我现在六岁半，已经换了五颗牙齿。

今晚吃饭时（中秋节），咬了一口鸡腿，觉得有个牙齿顶住出不了力。用手摸了摸，原来又有一颗牙齿很松了，松得快要脱下来的样子。妈妈说："没事，用另外一边嚼吧。"我吃了点鸡肉和青菜就饱了。

躺在沙发上，心里一直惦记着快要脱落的牙齿。我用舌头使劲一顶，牙根断了一半，又用手一扯，居然全部掉下来了。我心里既紧张又高兴，终于完成任务了！我牙齿掉了！爸爸妈妈听到后，走过来看了看，有一点点出血。妈妈说："快去漱漱口。"漱了四五次就不出血了。

去烧烤

昨天晚上，我们全家去吃饭。吃完了饭，我们就去烧烤。我拿着一根玉米来烧，结果烧焦了几颗玉米，然后放了一点蜜糖，再继续烧。过了一会儿玉米熟了，我就大口大口地把玉米吃光了。

下面这些是阳光一小三年级（2）班学生的博客——

上音乐课

黄天权

今天第四节课上音乐课。

丁零零，上课铃打响了，教室里像菜市场一样吵。忽然，音乐老师从门口走来，教室里马上鸦雀无声。音乐老师叫我们起立，大家马上起立，音乐老师说："说话的起来，不说话的坐下。"有些说话的站了起来，有些人不承认自己说话了，还好我没说话没被罚站。

过了一会儿，就正式上音乐课了。我们把国歌唱了好几遍，又一个组一个组唱，直到全组会唱了才可以不唱。唱国歌时又有很多人被罚站，但是，我没被罚站，我真幸运。音乐老师叫我们坐几分钟，我们刚刚坐下来就到了吃饭时间。

我觉得上音乐课很好玩，很开心！

可爱的橙娃娃
肖雅元

下午放学了，我回到家里。拿了一个鲜橙子，做了一个手工"可爱的橙娃娃"。

我先拿了一把小刀，在橙子的正面挖了几个小豆粒形状的洞。我拿了两粒黑豆放在橙子上面的小洞里，就变成了一双黑溜溜的、炯炯有神的眼珠子。再拿一粒黄豆放在橙子中间的小洞里，就变成了一个翘鼻子。鼻子下面是一个樱桃小嘴，微笑起来露出洁白的牙齿。用两片绿油油的青菜叶子，放在橙子头顶上，就变成了齐耳短发。有一张绿绿圆圆的小脸蛋像个小皮球，笑起来像个"洋娃娃"，特别惹人喜爱。

我急不可待地把橙娃娃拿到妈妈的旁边，激动地说："妈妈，你看我做的橙娃娃好不好？"妈妈拿在手上一看说："真的是你做的吗"？我说："是啊。"妈妈说："做得挺不错。"我得意扬扬地跳起来。

我觉得，第一次成功做手工是一件非常开心的事。我喜欢这个可爱的"橙娃娃"。

白菜仙子
林可宜

今天，老师要求我们用蔬菜或水果做一样东西，我就回家叫爸爸妈妈一起帮我做手工。因为家里材料不齐全，刚开始面对家里现有的蔬菜和水果可是一筹莫展，不知怎样做才合适，脑袋里更是乱哄哄的，什么也想不出来。

妈妈提议说："就做一条小狗吧？小狗可爱！"爸爸说："做一头小猪吧？猪容易做！"我无意中将奶白菜盖到橘子头上，突然眼前一亮，觉得特别像一个小女孩子的头。对了，就做成一个"白菜仙子"好了。

我拿了一把刀和黑笔。我用笔在橘子皮上画了一双黑黝黝的眼睛、一个鼻子，又画了一个像弯弯月亮的嘴巴，本来我想将橘子皮涂上颜色，让这个

小脸更真实一些，但怎么也上不了色，我就不管了。我将奶白菜剥成一片一片的，再用小刀将奶白菜划成一小条一小条，做成了小女孩的头发，剩下的一小棵做成了裙子。看，"白菜仙子"就这样做成了。于是我们就想给她照个相，但怎样让她站起来呢？还需要一点什么背景呢？妈妈就帮我找来荧光棒做成了她的身子，还拿了一个米奇米妮放在她的前面，用扑克牌放在后面做成了背景。这就是我们用橘子和奶白菜做成的"白菜仙子"，真好看。不过别看这么简单，这可是我们全家人费了九牛二虎之力才做出来的。

综上所述，一节好的习作课是方法简单、过程真实、结果有效的。但它并不排斥教师那饱满的激情、殷切的希冀、热情的关注、亲切的语言、丰富的体语、深入浅出的讲授、恰到好处的点拨、出神入化的演示、游刃有余的教材驾驭、收放自如的课堂调控、紧张有序的分层递进……因为教育是心智对心智的开启，是生命对生命的对话，是灵魂对灵魂的唤醒，是人格对人格的塑造。

习作教学之我见

一、情趣是学生习作的"糖衣"

习作是生产精神。习作的诞生，要经历一个从无到有的"妊娠""孕育""生产"过程。这一过程比生产孩子困难，生产孩子是十月怀胎，一朝分娩；习作是即时孕育，即时生产。教师是学生习作的"助产士"，其天职在于保护新生命的诞生并减轻"生产"的阵痛。为减轻"生产"的阵痛，学生习作的过程要适度添加"糖衣"——激发情趣。

激发情趣的方式方法多种多样，没有一成不变的模式，只有灵活多变的策略。策略没有最好，只有更好。好的标尺就是学生喜欢。

一次，国王让两个都号称天下第一的雕刻能手比赛雕刻老鼠。雕刻能手很快将老鼠雕好，而且惟妙惟肖。究竟谁雕刻得好呢？国王正为评判犯愁，一位大臣建议请猫做评委。结果猫一放出，直扑其中一只，而冷落了另一只。原来，其中的一只是用鱼骨雕成的。

小故事，大智慧。"情趣"就是激发学生习作的那块"鱼骨头"。

二、真话是学生习作的"特质"

天真、童真、纯真，真是孩子的天性，说真话是孩子的"特质"。学生习作要讲真话、实话、心里话，不要讲假话、大话、空话、套话。

在蒙古神话里，猎人海力布说真话救了大家，自己却变成了石头人，但愿这样的悲剧不要在学生习作的评价上重演。在童话中，木偶匹诺曹一说假话鼻子就会变长，但愿这种魔力能够在学生习作的评价上灵验。

三、技巧是学生习作的"桎梏"

鲁迅说："文章应该怎样做，我说不出来，因为自己作的作文，是由于多看和练习，此外并无心得或方法的。"巴金说，最高的技巧就是无技巧。在我看来，想办法让学生把心里话变成纸上话，就是一种无技巧的技巧。

聪明的妈妈放手让孩子学走路，总会适时张开双臂，迎接趔趔趄趄、踉

跚跌撞、迈步入怀的孩子，并充满爱心地从旁鼓励："宝宝真棒！宝宝真棒！"假若妈妈一味地强调走路技巧："昂首挺胸，收腹提臀，开肩摆臂，走猫步。"那么，孩子休想学会走路。

教学生习作，不就像妈妈教孩子学走路？一开始就以过多的"技巧"绳规学生的思维，长此以往，这些"清规戒律"就会束缚学生的想象，桎梏学生的心灵，泯灭学生的创造。

四、学生是学生习作的"读者"

学生应该是学生习作的重要读者与欣赏者。学生有广泛阅读、聆听与欣赏评价同龄人习作的能力。教师是学生习作的主要读者，但不是唯一读者。

五、通顺是学生习作的"底线"

文通字顺是学生习作的底线。写得明白易懂的诀窍是，只写自己懂的东西，不写自己不懂的东西。

六、创新是学生习作的高峰

创新是学生习作的高峰。

有两幅有趣的漫画。

第一幅漫画是，石刻的弥勒佛盘腿而坐，不料有个毛头小伙子硬在它的脚心上书写"××到此一游"，弥勒佛不堪忍受，痛苦大笑。

第二幅画是，大象妈妈正在批评小象："我早就跟你说过，人多的地方千万别去。"再看后悔的小象，身上居然写着一行歪歪扭扭的字："××到此一游。"

两幅漫画的主题一模一样，但画面各不相同，而且都给人留下了难忘的印象。为什么难忘？因为两位作者的思维都有"新意"。

比如第一幅，石刻的弥勒佛理应全无知觉，如今却不得不因为游人的"摧残"而痛苦大笑，这不正好构成了对不文明游客的绝妙的讽刺吗？再看第二幅，就连小象身上也有了游客的题词，足见乱题乱画者的"习惯性丑行"是怎样无孔不入，多么面目可憎。如此"批评"，岂不是比直白式的说教，要高明得多！

由此看来，所谓思维的"创新"，就是要千方百计地摆脱最常见的"老套子"，要彻底"突围"，找到新的切入点和新的表达样式。好漫画必有"创新"，好作文也得有"创新"，由此及彼，举一反三，我们从漫画中或许有所领悟。

学生的 "被习作" 与习作

我曾对某市 3000 名小学生做过一组关于"为什么习作"的问卷调查。82.3％的学生认为，之所以习作是因为学校开设了作文课，教师布置了任务，必须完成；12％的学生说不知道；5.7％的学生说因为喜欢。喜欢习作的学生不用外力督促，也能坚持写日记，写博客。

从问卷调查管窥儿童习作现状——"被习作"问题凸显。

"被习作"，意味着"要我写"。学生处于一种"牛不喝水强按头"的无奈。这是一种主体逃离式的"伪"习作。习作，意味着"我要写"，学生始终处于一种"不用扬鞭自奋蹄"的境界。这是一种心灵在场的"真"倾吐。

那么，怎样引领学生从"被习作"走向习作呢？我进行了有效的实践探索。

一、激发习作情趣，学生不吐不快

脑科学研究表明，学习效率的高低取决于相关的大脑皮层区域是否处于良好的状态，若某一区域的兴奋状态占优势，就使大脑皮层中形成优势兴奋灶，即大脑皮层几个有关的神经细胞形成一个同步的兴奋优势，它可以将大脑皮层其他部位的兴奋性吸引过来，加强自己的兴奋度，同时使其他部位呈现抑制现象，这就是大脑皮层的优势法则。

根据大脑皮层的优势法则，激发学生习作情趣，引导学生体验习作乐趣，就会使学生形成一种良性的习作兴趣链：情趣促写—写而生乐—乐而需学—学而生悟—悟而生知—知而乐写—写生情趣。

激发情趣，可以从激发学生的想象力入手。想象力很重要，想象有多远，人就能走多远。2010 年诺贝尔物理学奖获得者，英国曼彻斯特大学的科学家安德烈·海姆和康斯坦丁·诺沃肖洛夫，就是凭借常人没有的想象，用普通胶带成功从铅笔芯的石墨中一层层地"撕分"出石墨烯，这种"只有一层碳原子厚的碳薄片"，被公认为目前世界上已知的最薄、最坚硬、传导电子速度最快的新型材料。美国航天局曾经悬赏 400 万美元，寻找一种足够坚韧的材料，来制成长达 3.7 万公里的缆线，搭建一座可以直通宇宙的"太空电梯"，实现人类"一步登天"。石墨烯使这一梦想变成了可能。诺贝尔奖委员会形容这对师徒"把科学研究当成快乐的游戏"。

我们的习作教学为什么不能添加一些富有情趣的"快乐游戏"，激发学生的想象力呢？

譬如，低年级的习作课上，我们先让学生想象画妈妈的鞋，然后，组织学生介绍自己设计的美如童话的鞋子。学生放飞想象，设计了水果鞋、音乐鞋、体育鞋、狮蛙鞋、蔬菜鞋、鸡腿鞋、汽车鞋、人体鞋……

再如，鼓励学生先用水果或者蔬菜做成各种小动物，再介绍给同学，然后写一写。学生用上海青做成了小金鱼，用红薯做成了小老鼠，用白菜茄子组合成了小鸭子，用南瓜做成了小肥猪……

情趣一经激发，学生便会跃跃欲试，由"心动"，而"口动"，而"笔动"，不吐不快。

二、父母师生共写，享受自由表达

共写，意味着父母、教师、学生基于共读（有字与无字书）的愿景与行为，共写自己的独特感受，而后对话交流。

譬如，孔融让梨的故事家喻户晓，妇孺皆知。教学上，与其在课文内容上精耕细作，隔靴搔痒地讲来读去，不如共写读后感。选一则案例，以飨读者。

教师：孔融在四岁的时候就能把大梨让给哥哥吃。我们要向孔融学习，学会做人，互谦互让，和睦相处，团结友爱。

父母：读过《孔融让梨》这个故事，我深深地感到孔融这个孩子十分懂事，发现盘中的梨子有大有小，他不拿大的，不挑好的，只拿了一只最小的梨子。别看孔融刚刚四岁，却懂得谦让的道理。

学生：孔融是个坏孩子。吃梨子应该有个规则，最大的孩子吃最大的，或是最小的孩子吃最大的，孔融是中间的孩子，他拿了最小的，那就没有规则了。

父母：我们不能忘记课文主要讲的是孔融谦让的美德。

学生：谦让是一种美德当然没错。可最小的梨只有一个，大梨总要有人吃。美德是孔融一个人的行为表现。让所有的人有规可循，并且都得到公平待遇，这比让一个人得到表扬要重要得多。

老师：我们要讲究谦让，但同时也要讲究秩序，孔融让梨的故事讲了一千多年了，排队加塞、挤公共汽车一拥而上的时候却没人想着做孔融。立规矩，守秩序，的确比谦让更重要。

在日常化、习惯化的共写中，既是读者，又是作者，同时也是评价者、鉴赏者的每个人，都会在均衡、公平与普惠的对话中获得"共享式发展"。

三、师生共建博客，开放习作时空

借助网络平台，师生可以共同建立习作博客，教师可以将师生的博客集合成一个博客群，相互连接，形成"博客环"，即时交流互动。

下面是师生的博客辑选。

[教师博客随笔]

我与女儿有一个美丽的约定

万花筒是一种光学玩具，只要往筒眼里一看，就会出现一朵美丽的"花"。将它稍微转一下，又会出现另一种花的图案，不断地转，图案也在不断变化，所以叫万花筒。

在我眼里，可爱的女儿宛如万花筒，多姿多彩。

女儿有妻子少女时代的风姿。妻子年轻时代的形象永远是丈夫终生的美好回忆。女儿拥有她母亲从前活生生的形象，对父亲而言是一个美丽的奖赏。更何况，多数做丈夫的，无法确切知晓自己妻子年幼时期的情形，女儿的成长，不是在父亲面前重演了她母亲的各个阶段吗？

女儿有时也呈现她的祖母和曾祖母年轻时代的形象。在我年幼时期，母亲和外婆给了我人间最温柔的爱。现在，她们都已去世多年，每每想起，都令人十分怀念。有时女儿的表情中显现类似她们的熟悉神情，令人又惊又喜。

女儿当然也很像她的父亲。妻子有时轻轻叹息，女儿要是更多像她母亲一点点，那她就会更加美丽。看她的眼睛，单眼皮；鼻子，不够挺拔；下嘴唇，稍稍厚了一点。哇，这些不都是来自她生身父亲的基因吗。是的，人就是这么怪，这些不是优点的特征，在我这个父亲看来却是如此亲切。或许，还有一点点隐隐约约的歉疚。

女儿更是她自己，一个独特的新人。她有许许多多的优点，也有不少令人头痛的毛病。

她有与父母和祖父母截然不同的成长环境，她的喜怒哀乐也与我们大不相同。我们自己的成长经验，有时对她有用，有时完全不相吻合。无论如何，我都尝试去鼓励她，理解她，帮她面对困境。

我与女儿有一个美丽的约定：我们父女永远是世上最可靠的朋友。我们之间可以有暂时的生气，但不要有长久的怨恨。女儿是上帝恩赐给我的宝贵财富，我的责任就是尽毕生之力，好好照顾她，陪伴她健康成长，直到我去天国交差。

学生跟帖1：老师，我也是您的女儿。

学生跟帖2："女儿拥有她母亲从前活生生的形象，对父亲而言是一个美丽的奖赏。"这句话写得让我心痛！

学生跟帖3："看她的眼睛，单眼皮；鼻子，不够挺拔；下嘴唇，稍稍厚了一点。哇，这些不都是来自她亲爹的基因吗。是的，人就是这么怪，这些不是优点的特征，在我这个父亲看来却是如此亲切。或许，还有一点点隐隐约约的歉疚。"我爸妈也常不无遗憾地说，我要是能集合他俩的优点该有多好！可怜天下父母心，总想把世界上最好的东西都留给自己的孩子。

网友跟帖：孩子是父母生命的延续，爱他们，呵护他们，养育他们，是父母的责任。不久前，我离异了，现在孩子跟她爸爸过，读了"我的责任就是尽毕生之力，好好照顾她，陪伴她健康成长，直到我去天国交差"，我非常想去看我的女儿，把她紧紧地搂在怀里，再也不松开……

[学生博客日志：叙事类]

我撒妈妈一脸尿

那年，我五岁多。

一个星期六早上，大概八九点钟。我向睡意蒙眬的妈妈脸上撒了一股温水，妈妈摸着闻一闻，一股尿臭，睁眼一看，是我在床上对着她撒尿。

看着我这个混账还面带得意的微笑，动作从容不迫，妈妈觉得蹊跷，大声说道："你在做梦吗?"

"不是。"

"你傻了吗?"

"没有!"

"你是故意的吗?"

不回答。

"那你知道会挨打吗?"

"对。"

"我告诉你，如果能解释清楚，可以从轻发落。"

沉默对抗半天后，我最后终于说明白："我没有故事!"

"觉得自己太平淡，宁愿冒着挨打的风险也要创造一个勇敢的故事。是吗?"妈妈问。

"是。"

学生跟帖 1：恭喜！你荣获了本年度诺贝尔搞笑奖！

学生跟帖 2：哪个孩子不淘气，哪个母亲不宽容！

学生跟帖 3：我五岁的时候，把一串鞭炮系在爷爷家小狗的尾巴上，一点火，鞭炮噼里啪啦，小狗吓得稀里哗啦，我笑得前仰后合！

学生跟帖 4：虽是童年的恶作剧，但读来真实有趣。如果我是你妈，也不一定舍得向你抡起巴掌。

老师跟帖 5：妈妈为什么没有打你呢？

作者回帖：后来我问过妈妈，妈妈说，我没有教育你的经验，也没有任何经验适合你，所有的都是受你教育的经验。要弄懂妈妈的话，也许要等我有了自己的孩子以后吧！

[学生博客日志：释疑类]

为什么候鸟不会迷失方向？

柳晨欣

秋天，会有一群群候鸟，飞往远方。候鸟为什么不会迷失方向？

候鸟可以依靠地磁、太阳和星星辨别方向，也可能依靠风向、温度，尤其是大气的气味来辨别方向。

我翻阅了相关的资料，关于候鸟是怎样利用地球的磁场辨别方向的，有两种不同的解释：一种解释涉及基于由生物产生的铁磁颗粒的受体；另一种解释是一种基于一个磁敏感化学反应的"光化学罗盘"。高频振荡磁场不会影响一个用永磁材料做成的罗盘，但会通过磁共振效应干扰一个基于光化学反应的罗盘。所以，鸟类在一个共振磁场中的行为，是区分两种理论解释的一个很好的诊断性测试。

一个关于知更鸟的实验中证明，当该磁场为垂直方向时，这些知更鸟会失去方向感。该效应取决于所施加的磁场与地磁场之间的角度，这与基于自由基对生物化学反应的传感器中的"单态—三态转变"所受到的一种共振效应是一致的。

这是候鸟为什么不会迷失方向的原因，生活中有很多的问题等着我们去发现，希望大家一起来发现问题，并思考，谢谢！

教师薛镇芬回帖：孩子你真棒！为什么候鸟不会迷失方向？你通过查资料解疑惑。很好！继续努力，再接再厉！

人为什么没有毛皮？

柳晨欣

大家每天都要穿一身衣服去上学、上班。那么，我们人为什么没有毛

皮呢？

当我们把毛皮动物如猴子、猩猩的毛皮一字铺开，再放上一张人皮的时候，其古怪之处便一目了然了。对比后的差别非常显著：人类的腿太长，胳膊太短，脚也古里古怪，而最为引人注目的是，人的皮肤总的来说是光洁裸露的，而不像其他灵长目动物那样，总是有一件毛茸茸的外衣。因而，作为动物学家，我给人类起了个别名——裸猿。

人与猿的这种差别显然是长期进化的结果，然而，这究竟是如何发生，又是如何帮助走出森林的古猿生存下来的呢？

长期以来，专家们对这个问题的探讨一直没有停止，并提出了许多富于想象力的理论。其中，最有希望获得成功的一种观点认为，这是人的发育成长期比别的动物长，即所谓幼态延续过程的一部分。如果观察一下初生的黑猩猩，你就会发现，它的身体是光滑裸露的。假如通过幼态延续将这种状况延至动物的成年期，那么，成年黑猩猩的毛发情况就会和我们相差无几。

有趣的是，我们的这种通过幼态延续来抑制毛发生长的方法，目前还并不完善。

据说正在发育的胎儿和典型的哺乳动物一样会长出毛发，6—8个月之间的胎儿周身覆盖着一层细细的茸毛，这层茸毛称为胎毛，直至出生前才退去。早产儿往往带着一身胎毛来到这个世界，使他们的父母大吃一惊，但除了极为罕见的个别例子之外，胎毛很快就会消失殆尽。

不过，科学家还没有完全解答这个问题——女人为什么这么喜欢毛皮大衣呢？

学生跟帖：题目很吸引人！尤其是"女人为什么这么喜欢毛皮大衣呢"的结尾，引人深思。

薛镇芬老师跟帖：人与动物表面区别是有无毛皮，深入下去，还有更多、更深层次的区别。追问下去，研究下去，写下去，一个动物学家就诞生了！

［学生博客日志：研究类］
对小龙虾的研究记录报告
杜顾遥

龙虾，全身披着棕红色的铠甲，挥舞着两只大钳子，一副不可一世的临战模样，像是遇到了敌人，准备开展一场决斗。它"玲珑"的身躯后面，翘着波浪形的尾巴，身上一节一节的，像是美丽的条纹。它的腹部有一条黑色的线，八只脚，如同这龙虾船上的八支桨，只要它们滑动起来，龙虾就能在水里游动自如了。

望着水里"精心养神"的龙虾们，我的脑海里不禁涌出一个疑问：河水和自来水，哪一种更适合龙虾生存呢？为了解答这个疑问，我决定做一个关于小龙虾的研究实验。

表1

不同条件	换水时间	其他控制条件	生存时间	研究结论
一号生态瓶自来水	3天一次	食物、阳光、空气	6天	自来水养的龙虾生存时间短
二号生态瓶河水	3天一次	食物、阳光、空气	8天	河水养的龙虾生存时间长

我找出两只瓶子，把它们当作两组生态瓶，里面都装着2只龙虾，一组用河水养，一组用自来水养。我3天换一次水，并控制了其他条件：空气、阳光、食物。

通过观察和研究，我发现自来水养的龙虾生存时间比较短，只活了6天，反之，河水养的龙虾生存时间较为长一些，活了8天。

另外，在做这个"哪种水更适合小龙虾生存"实验的同时，我也对小龙虾的食性进行了研究。以下就是我为期8天的记录。

表2

喂食时间	第1天	第2天	第3天	第4天	第5天	第6天	第7天	第8天
喂食食物	虾肉	饭粒	蘑菇	鱼肉	青菜	蟹肉	茄子	土豆
我的发现　1号瓶	没吃	吃了	没吃	吃了	没吃	吃了		
我的发现　2号瓶	没吃	没吃	吃了	没吃	吃了	吃了	吃了	没吃

从上面的记录中，我发现1号生态瓶里龙虾吃的食物虽然跟2号生态瓶里龙虾吃的食物有所区别，但它们都是杂食动物。

龙虾和人类一样，有属于自己的栖息地和适合它们繁殖、生长的环境，作为龙虾的朋友，我们不能破坏而应该保护龙虾的生态环境，为它们建立良好的栖息地，让整个生态系统得到和谐的发展，也让大自然处处充满生机勃勃的景象！

这次的研究，让我接触到了龙虾的生活，明白了龙虾的食性，真是受益匪浅啊！

博客习作，是对"被习作"的一场深刻革命。

在形式上，它革了依照教材、按部就班、一周一作的机械呆板习作的命。学生可以在博客的"自留地"上，根据兴趣与需要，及时耕种、管理、

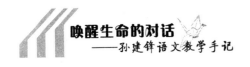

收获。

在内容上，它革了命题作文与单纯而生硬追求写作技巧的命。博客上写什么，怎么写，学生自己说了算。

在评价上，它革了单一性评价的命。它实现了如下转向：学生习作由原来只有教师的一言堂评价，转向了读者的群言堂评价；由原来只有教师的分数评价，转向了读者的语言评价；由原来只有教师的诊断性评价，转向了读者的欣赏性评价；由原来只有教师的过期性评价，转向了读者的即时性评价；由原来只有教师参与的学校性评价，转向了有读者参与的社会性评价。

习作指导的艺术

何为艺术？从宗教来看，在茫茫无涯、汹涌澎湃的大海上，眼看人类即将被淹死，于是上帝派来一位天使，抛下了一个救生圈——这个圈就是艺术。

艺术世界的美高于现实世界。现实世界中即便如枯藤、老树、昏鸦一样破败的东西，一旦上升到艺术世界，如"枯藤老树昏鸦，小桥流水人家，古道西风瘦马。夕阳西下，断肠人在天涯"，也会给人一种惊醒的苍凉美。

相对于阳光底下的现实世界，月光底下的世界是艺术世界。

艺术的高下，不一定与现代技术、经济增长成正比。今天的波音飞机速度可以超越19世纪的马车，今天的电灯明亮度可以超过19世纪的烛光，但是今天的音乐，并不一定能超越19世纪的音乐，恰如今天的诗歌并不一定就能超越李白和杜甫的吟唱。

习作指导艺术的档次与分水岭归根结底不是技巧，而是胸怀与追求目标的大小、人性和灵魂的"高低"。

一、习作指导，当学马戏创感

创感，是一种主动追求创意的敏感与灵感。

马戏表演，人看人爱，不仅因为它轻松活泼、诙谐幽默、变化万千，更重要的是，它是身体最近、灵魂最远的创感艺术。太阳马戏团创意总监盖利斯说，太阳马戏团每创作一台剧目，都要从世界各地遍寻创意高手，组成创意团队，进行为期两三年的创意。某些最好的灵感，恰巧是在最困难的状况下产生的。

譬如，把150万加仑的水放到舞台上，让演员在水里进行表演，真是一个大胆的创意。盖利斯回忆道："说到在水中表演，很多人的瞬间反应是逆水行事，但是你与水对话，倾听水，研究水，就会发现水想要你按它的节奏行事。这种认识有助于我们做出一些完全原创的东西来——这是创意的激发物。""我们的目标不是引起观众的惊叹声，而是勾起观众的个人情绪，使他们沉浸其间，产生联想和共鸣。这就是太阳马戏团为什么能受到全世界6000万人疯狂追捧的秘密。"

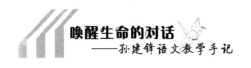

习作指导的艺术，意味着多借鉴一些马戏表演的创感元素，在应试重重的框架限制中，展现宛如没有框限般的优雅之美，流畅得让人忘了现实是有空气阻力和摩擦力的，做出最自由灵动、最惊心动魄、最与众不同的"演出"。假若如此，想让学生不喜欢习作都难！

马戏表演者启示我们，世界舞台之大，我不必管别人在做什么，更无须和别人比较，我只要认真专注地做我现在正在做的事，要非常专心、非常精确地完成，如此就能展现漂亮的生命风景。就像耐克的广告所说，全力以赴的人最有力量——人生的大架构已定，眼前就是自己可变的视野，只有你自己知道演出是否完美。

二、习作指导，贵在啐啄同机

鸡蛋快要孵出小鸡的时候，小鸡在壳里嗑，叫"啐"，母鸡在壳外嗑，叫"啄"。啐啄同时，配合得好，新生命就此产生。

习作指导就是要适时点拨，时机、力道都很重要。力道重了，伤了学生的心绪；力道轻了，点不开学生的蒙窍。此外，教学中时机的把握也非常重要，通常上课的前十分钟很重要。总之，只有里应外合、点悟破化，才能唤醒心灵。

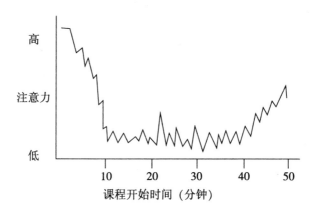

图1　注意力的十分钟法则

三、习作指导，勇在焚烧"鸟笼"

传统习作指导的流弊在于把不同的脑袋，教成同一个脑袋；让不同的小手，写出相同的文章。这不是在指导学生习作，而是在诱导学生"思维自宫"。

不久前看到一个故事，被人称为"鸟笼理论"，读来觉得很有意思。

一位心理学家曾和乔打赌说："如果在你的房间挂一个鸟笼，那么你一定会买一只鸟。"于是，乔在卧室靠近桌子的上方挂了一个非常漂亮的鸟笼。每当人们看到这个空笼子，总会问："你的鸟什么时候没了？"乔回答："我从来没有养过鸟。""那你要鸟笼干吗？"每个人都问同样的问题，乔的心情因此变得很糟糕，他干脆买了一只鸟放进了鸟笼。

不管一个人多么独立，他必然要受到周围的人或自然环境的影响。这种影响很多时候是以暗示的方式进行的，也就是心理学里所说的无意识。当暗示的东西由无意识成为强烈有意识时，人会用情绪代替理智。

暗示往往可以把人打倒，不是吗？人们经常在暗示下，在自己的头脑中挂上鸟笼，然后不自觉地装进各种"小鸟"。

真正意义上的习作指导，就是焚烧自己头脑中那些为了应试绳规学生思维的"鸟笼"，放学生思想之鸟入林，让它们自由飞翔，各鸣佳音。

（一）艺术指导学生习作，激发学生的创造力

1. 鼓励学生扮演戏剧角色

让他们自编自演课本剧、小品和滑稽剧等。

2. 鼓励学生做小实验，搞小制作

组织学生做实验、搞制作、种花、植树、饲养小动物等，写"小论文"，举行创新发明比赛。

3. 鼓励学生自制不花钱的礼物

鼓励学生自己制作礼物，而不是花钱买新年贺卡、生日贺卡、工艺品等，并写上美好的祝福。

4. 放手让孩子自办家庭小宴会

家长允许孩子邀请邻居家的小伙伴和同学来家里办家庭宴会。事先写个策划，房间的布置、装饰和美化都由孩子自己设计，招待饭菜、食品也是孩子自己去超市选购，孩子还跟妈妈一起下厨，并给自己做的菜肴起个艺术名称。通过这些小宴会，孩子学会了交际礼仪和生活技能，同时也培养了其创造性思维能力。

5. 支持孩子在家里办画廊

孩子在家里大多有自己的"作品角"，他们在墙上开辟自己的园地，布置一些照片以及一些汽车、飞机、星球或宠物的图片，用艺术字写名人名言、座右铭或理想等。家长鼓励孩子画想象画、科幻画，越是异想天开越好。

6. 经常向孩子提问

经常向孩子提出"假如你想去南极，但缺少资金，怎样说服财团支持

你"等问题，鼓励孩子写出自己的策略。经常向孩子提出"结果怎么样""与什么有关"等问题。让孩子写出自己的想法，这样，孩子自然会对所提出的问题有新的思考和想法，创造力往往就是这一瞬间产生的。

（二）艺术指导学生习作，培养学生的领导力

1. 鼓励梦想

鼓励学生写出自己的梦想，在家庭或者社区宣讲自己的梦想，不要管这类梦想看来何等奇特，因为幻想同样需要足够的勇气。

2. 提供机会

领导力需要靠训练来增强，需要机会去磨炼。让学生参加运动队、课外活动小组和其他社区组织，他们将逐渐习得待人处世的经验。

3. 多问"假如"

"可能性思维"是领导力的一个标志，那种对一个难题认真研究并向别人演示如何解决它的学生会问："假如我这样做了，会怎么样？"

4. 勇于表现

鼓励学生在群体中多发言，在别人面前毫无羞怯地表现自己。这是一项非常重要的技能。

5. 盯住成功

家长说服孩子多去想成功而不去想障碍，自信会成功的人就是能吸引别人跟随自己的人。

6. 允许探险

孩子乐于钦佩和追随那些愿意冒险和能应付挑战的人。可是家长就怕孩子磕着、烫着、摔着，如此谨慎入微，难得孩子有冒险精神。

7. 学会"3R"

Respect（尊重）、Resourcefulness（机智）、Responsibility（责任心）被认为是家长必须在孩子身上开发的三种基本特性，领导的桂冠总落在这种人头上。他们努力照习惯去理解和容忍，他们屡次在挫折面前另辟蹊径，他们勇敢面对自己行动产生的后果。

教师，要成为习作指导的艺术家。朱光潜说过："凡是艺术家都须有一半是诗人，一半是匠人。他要有诗人的妙悟，要有匠人的手腕。……妙悟来自性灵，手腕则可得于模仿。"

教师对习作指导艺术尽善尽美的追求是一种朝圣。虔诚地行走在朝圣的路上，才有可能享受到习作教学的高峰体验与专业化成长的无限幸福！

儿童习作，成人懂吗

一、"童"作≠"成"作

这是一篇一年级的学生日记：

1＋1＝1

2＋1＝1

3＋4＝1

4＋9＝1

5＋7＝1

6＋18＝1

成人，何以解读？孩子，却能自圆其说！

1＋1＝1（1斤加1斤等于1公斤）

2＋1＝1（2个月加1个月等于1季度）

3＋4＝1（3天加4天等于1星期）

4＋9＝1（4点加9点等于下午1点）

5＋7＝1（5个月加7个月等于1年）

6＋18＝1（6小时加18小时等于1天）

儿童的思维不等于成人的思维，同理，儿童的表达不等于成人的表达，儿童的习作不等于成人的习作。

二、童真≠失真

请看一则小学二年级学生的日记。

我掉了两颗牙

"奶奶，我害怕！"

"怕什么？"

"我掉了两颗牙……"

"不用怕，牙掉了，还会再长的。再说了，你爷爷的牙也掉了，只剩下两颗了。"

"爷爷的牙，还会再长吗？"

"傻丫头，爷爷的牙不会再长喽。"

"为什么？"

"爷爷老喽！"

"啊！人老了真可怕！"

儿童的习作充满童真童趣，教师读罢却大笔一挥，批语"结尾一句格调太低！"旋即，朱笔挞伐，改成"人老了有什么可怕，虽然爷爷只剩两颗牙，但那是钢打铁铸的牙！"

这位教师的评语不得不引起我们的深思："结尾一句格调太低！"——怎么动辄就给人家定性，扣帽子，打棍子！什么思维？什么逻辑？"人老了有什么可怕，虽然爷爷只剩两颗牙，但那是钢打铁铸的牙！"——如此"装修"，在成人看来也许语言"豪华"了，思想"豪迈"了，格调"豪壮"了，遗憾的是，童真童趣却被过滤了！

有人问：你是何时开始说假话的？答曰：小学写作文时。原来，假话、空话、套话、鬼话，都是被"调教"出来的。

不要以为成人的"高调"就等于真理，孩子的童真就等于成人的失真。孩子的童真不等于成人的失真！

三、梦荒≠梦灭

成人，功利化的成人，凡事总爱聪明地一问：有用吗？有什么好处？成人的梦几乎被残酷的现实粉碎，做梦便成了一种豪奢！成人的梦几乎都荒了！

成人的梦荒不等于孩子的梦灭，因为孩子个个都是美轮美奂的梦工场！

请细品几篇英国孩子关于《未来的我是——》的作文。

第一个孩子写道：未来的我一定是海军大臣，因为有一次我在海中游泳，喝了三升海水都没有淹死。

注意：既然海水淹不死我，我就一定能成为称职的海军大臣！多么滴水不漏！多么理直气壮！

第二个孩子写道：未来的我必是法国总统，因为我能背出二十多个法国城市的名字，而同班最棒的同学只能背出七个。

注意：既然我对法国"了解"最多，我就最有资格当法国的总统！又是一段滴水不漏的推理！其严密性的确"无懈可击"！

最感人的是一位盲童的作文，他写道：未来的我必定是英国的一位内阁大臣，为什么？因为英国目前为止还没有一个盲人进入内阁。

注意：这更是一段不寻常的推理！既然以前从未有过盲人内阁大臣，就不妨从我这个盲孩子开始，读起来豪气冲天。

孩子就是孩子，想怎么写就怎么写，其思路之豪迈，设想之大胆，的确美极！帅极！棒极！明明是英国籍的孩子，却想入非非地要当法国总统，如此推理，难道不是豪迈之极？

全班 31 名学生的 31 篇作文，对未来的想象无不写得美丽如画：有当王妃的，有当驯狗师的，有当领航员的，每一篇作文都在昭示着一个如花的美梦。

孩子就是孩子！梦是否可靠无须证据，童真就是他们最强的理由。

尤其让人感动的是，过了整整 50 年后，孩子的教师布迪罗，不仅依然珍藏着他们的作文簿，还千方百计地与他们联系，以便告诉他们，50 年前的你是怎么想的？

听听那个盲童的回答吧！这位果然成了内阁教育大臣的学生曾在致教师的信中这样写道："感谢您还保存着我们儿时的梦想……从那时起，我的梦想就一直在我的脑海里，我没有一天放弃过，50 年过去了，可以说我已经实现了我的梦想。今天，我还想通过这封信告诉我的 30 位同学，只要不让年轻时的美丽梦想随岁月飘逝，成功总有一天会出现在你的面前。"

是的，这的确是个美丽的故事，令人感动的不仅有孩子们的梦，更有珍藏梦的慈祥的教师。

梦荒，人荒；梦在，人在。难道不是吗？

四、说教≠体验

一次，三年级作文要求学生写《我爱我们的学校》。怎么表达对学校的爱？教师能说清楚吗？既然说不清楚，再说下去就是苍白的"说教"。

有没有教学策略可以借鉴呢？移情是个不错的选择。

虽然教师的说教不等于学生的体验，但移情可以增加体验。移情意味着把自己的情感移到外物身上，反观投射。

一位教师在写作教学《我爱我们的学校》时，采取的策略是增强"空间体验"。即把自己对学校的情结，投射到一座大山之中物质匮乏、条件简陋的学校，由于空间体验的调配，学生以地点统一性的方式把表象联结起来，产生学校与学校之间的对比联想，从而促使"移情现象"的产生。学生自然知道从哪里爱自己的学校了。

五、"网"作≠"创"作

学生习作，难道仅仅只能写在作文本上吗？答案是否定的。

电子时代，网上习作势不可挡，且当仁不让。纸作，有纸作的优势，自不待言；网作，有网作的优长，二者不可同日而语。

学生发布博客，除了及时表达且在第一时间得到反馈外，面对的不再是教师一个读者，而是一个读者群；评价方式也不再是简单地打一个分数，更多的是博友的欣赏；写博客不再是单纯地完成习作任务，而是一种情感与灵魂的自由释放。

或许有人会说，这些我们都知道。"你们知道了，但是我们做到了。"

六、迎合≠适合

当下，没有人不唯考试马首是瞻，拼命迎合考试。几乎没有人敢和考试对着干。然而，迎合不等于适合。迎合只能助纣为虐，害己害人；适合才能健康人性，成人之美。适合的才是最好的。

长期以来，我们教育的问题是，除了迎合考试，不知道唤醒学生的兴趣，更不知道什么是适合学生发展的道路。习作教学概莫能外。

以下习作也许没有迎合考试，但是，很适合自说自话的孩子。

一年级习作选：《我要做个世界的孩子》

妈妈说：你要做个乖乖的孩子。

"不！我要做个世界的孩子！"

老师说：你要做个听话的孩子！

"不，我要做个世界的孩子！"

三年级习作选：《小猫为何长了鼠尾巴》

老师：把习作再抄写一遍。（后面还简笔画了一只小猫，只是猫尾巴像鼠尾巴）

学生：老师，再写一遍，我不感兴趣。我对老师的简笔画感兴趣，尤其对小猫为何长了鼠尾巴特感兴趣。

五年级习作选：《"水"》

莎莉文老师把我的一只手放在喷水口下，一股清凉的水在我手上流过。她在我的另一只手上拼写"water"（水），起先写得很慢，第二遍就写得快一些。我静静地站着，注意她手指的动作。突然间，我恍然大悟，有股神奇的感觉在我脑中激荡，我一下子理解了语言文字的奥秘了，知道了"水"这个字就是正在我手上流过的这种清凉而奇妙的东西。水唤醒了我的灵魂，并给予我光明、希望、快乐和自由。

小海伦·凯勒又盲又聋，她是如何学习的呢？用触觉。

原来，不仅视觉、听觉能学习，人的触觉也能学习啊！

六年级习作选：《老师，您是个小偷》

画呀画，专注的我一直画呀画，直至同学们一阵大笑，老师站在我旁边，我才被"笑醒"。

"画的什么？"老师严厉的目光从状如瓶底的镜片后射过来，虽然，那眼睛小如绿豆，依然寒气袭人。

"外星人……"我有些怯懦。

"哈——哈哈——哈哈哈——"

同学们一阵狂笑。

"你见过外星人吗？"

"画了，你就知道了！"

"没见过，瞎画什么？"

……

想着课上的一幕，夜深了，我还不能睡。

老师，是的，我没有见过外星人，但是，我可以想象。然而，您的"没见过，瞎画什么"却偷走了我想象的权利，老师，您是个小偷！

生命对话： 开放式习作的本意旨归

习作是什么？习作狭义上是指学生在教师科学有序的指导下练习用笔"说话"。习作表象上是物化了的文字符号，本质上是学生用文字符号构筑的精神层级的"生命对话"。

开放习作，本意是生命对话。为什么要"对话"？"乔哈里窗"提供了知识共享的处方性模型，通过人际交往的两种方式扩大开放区，它能正确解读并实现群体中的对话与知识共享。

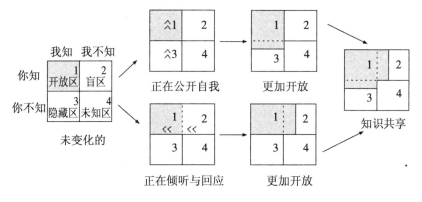

图2　"乔哈里窗"知识共享处方模型

生命对话，意味着教师与学生以开放的生命态势对话。

譬如，一位教师执教的六年级作文《美·花》的教学中，"生命对话"得以广角地张扬与个性地凸显。

就一朵花而言，教师能够引领学生从色感、量感与质感入手与之对话。

从色感入手，与花的五颜六色对话，感受其色彩美；从量感入手，与花的形态万千对话，感受其形态美；从质感入手，与花的独特品性对话，感受其特质美。

这其中，与花的质感对话，感受其特质美是重点，亦是难点。

突破难点，感受花的特质美，开放对话的方式很多，课上，教师重点从物象到意象上引领学生与花对话，感受花的美好特质。当然，也可以从中西文化异度审美的视角与花对话。

由于"儒道互补"的文化构成特性，花在中国人的观念中不仅获得了人的品格和性情，而且具有人间的贵贱和尊卑。梅、兰、竹、菊并称"四君子"，松、竹、梅合称"岁寒三友"，更有那"出淤泥而不染"的荷花，这些植物花卉被注入了人类超凡脱俗、高洁清雅的道德和精神品质。日常生活中，我们已经习惯于用看待人类高低贵贱的等级眼光看待世间万物。在这样的眼光中，牡丹成了富贵的象征，而狗尾巴花则是贫贱的代表。

在西方写实主义看来，一朵花的形与色应刻画得逼肖自然，栩栩如生，以至能招蜂引蝶；在印象派画家看来，画花其实是在画阳光；在后印象派画家保罗·塞尚看来，一朵花的颜色是红是黄无关紧要，他要画的是花的内在结构；在立体主义绘画看来，我们看到的花与自然中的花相比已经面目全非了，因为画家把一朵花的前后、左右、上下、正反各个面一起展现在一个平面上，那是一朵花的四维空间图像；美国画家佐治亚·奥克菲，总是把一朵自然中极小的花放大到充满整幅画面，花朵又总是开放的，而且是对着人开放，恰如电影中的特写镜头；在植物学家看来，花朵是植物的生殖器官。

出于中西文化差异，与花对话的视角不同，自然美感不同；美感不同，文字也不同。

花与我们一生相伴。第一声啼哭，有人送来一束紫罗兰；第一次约会，有人送来一束红玫瑰；第一次毕业，有人送来一束蓝鸢尾。

终其一生我们都在与花对话：一花一天国。从一朵花里，能够谛视宇宙的微妙，能够谛听生命的对话，能够缔造文字的魔力。

以"乔哈里窗"来看，每个人对自我的认知都存在开放区、隐藏区、盲目区和未知区。

内心的自我，往往都是隐藏区中的形象，如果我们以为别人也是一样看待自己的，那么表现出的孤独和无聊就不难理解；如果我们以为自己不存在盲目区，那么，我们表现出的倔强和狂傲就不难理解；如果我们不愿意"解放"自己的未知区，那么，我们表现出的封闭和愚昧就不难理解。

无论有多么好的理念和实践，我们都只是行走在"乔哈里窗"的边缘；无论有多么好的情调和文笔，我们都只是漫步在"乔哈里窗"的边缘；无论取得多大的成就和业绩，我们都只是逼近"乔哈里窗"的边缘。

仰观宇宙之大，无论望多远，仍然有无限的空间在外边；俯察品物之盛，无论数多久，仍然有无限的时间数不清。只有开放，才能超越时空，摆

脱局限。看"千里冰封，万里雪飘""云卷云舒，花开花落"，那是窗外闲庭信步的世界；看"鹰击长空，鱼翔浅底，万类霜天竞自由"，那是窗外自然本真的天空；看"雄关漫道真如铁，而今迈步从头越"，那是窗外自信盈怀的风景。

第 五 篇

对话之锋眼看课

　　春蚕要经过几番脱皮，才能吐丝；毛虫要经过日夜破蛹，才能化蝶；为师要经过不断砥砺，才能成"家"。好课的每一次对话、每一个眼神都是在教师心智与灵魂的把握下出现的，而这种把握的精准度犹如帕格尼尼之于小提琴，他琴弦上发出的每一个音符都是心灵的颤动、感情的流泻。很难设想一个只有乒乓球般大小心灵的人，能够收获地球般的课。为地球摄像，得在太空遥望。一堂只能播下跳蚤的课，焉能奢望它收获龙种。

归来吧，生本课堂，别再四处流浪

路迢迢，水漫漫，小学教育背起行囊，正在游走四方；淌过黑水河，爬出盘丝洞，情坠女儿国，走得月朦胧、鸟朦胧、人朦胧。

纵使小学教育风情万种，我却对"生本"情有独钟。"生本"很简单，就15个字，请君侧耳听，"生本"在呢哝："做好操，扫好地，读好书，写好字，唱好歌。"

做好操的本意在于从小养成健体第一、热爱生命的意识；扫好地的本意在于从小养成环保卫生、勤劳养命的意识；读好书的本意在于从小养成终身向学、敬畏真知的意识；写好字的本意在于从小养成一笔不苟、端正做事的意识；唱好歌的本意在于从小养成悦己娱人、美化生活的意识。

假如，这15个字不打折、不缩水、不风干地落实到了每一个学生身上，让学生的思想回家，精神回家，情绪回家，身体回家，生本课堂岂会到处流浪，"无家可归"？

比较靠谱的课堂

一个比较靠谱的课堂，应当是每一个学生都受到最小压抑的课堂（完全没有压抑是不可能的），是每一个学生都最大限度地获得快乐和自我实现的课堂。

精神不缺"钙"的学生，必须具备两种素质：第一，敢于怀疑权威，敢于批评权力的错误。20 世纪 60 年代美国耶鲁大学的"权力服从实验"（被试者遵循权威指示，在一个人给出错误答案时施以电击，无论这个人有多痛苦。实验旨在研究人在什么程度上才能拒绝权威的指示）表明，只有很少数人敢于怀疑权威，拒绝权威，多数人服从权力。第二，敢于怀疑习俗，敢于反抗习俗的压迫。在裹小脚是习俗时，敢于不裹小脚就需要极大的勇气，敢于批评裹小脚习俗也需要勇气。

童年的经验对人的整个生命具有支配性，童年记忆像狗一样追逐着人的灵魂。让每一个学生的童年都浸泡在应试教育的流弊中，而无独立的人格，同时又幻想他们长大后收获丰富的想象力和惊人创造力，有这等好事？

作为天然之美的使者，作为宇宙向我们发出的意味深长的微笑的星光，唤起我们的是一种独特的崇敬感，因为它们总是可望的，却又是难及的。那意味深长的微笑的星光，多像课室里学生的目光。

当代好课的第一要义

"小资"的课，可以在浪漫中调和得像诗一样甜，像散文一样酸，像小说一样苦，像评论一样辣。但"广普"的课则以咸为主，偶然佐以其他各味。

百味咸为首。如果盐失去了咸味，还有什么可以补偿的呢？

童年幼年时热衷，少年青年时热情，中年壮年时热诚，老年晚年是热心。阶段不同，投入不同，对教育产生的温热也不同。

教海也是容易迷航的。迷航，并无小航道、大航道、远航道、近航道之区别。不能说尾随走在大航道、远航道上就不是迷航了。走在达不到真正育人目的的任何航道上，都是迷航。茫茫教海上，一经迷航，所有的风都是逆风，所有的前方都有暗礁守候。

一个人，受另一个人的影响，影响到了无以复加的"至大"，这是不合理的，至少误解了那个影响他的人。或者是受影响的那个人，相当没"出息"。这种人，常常对一些公开课或者教育样板盲目崇拜，甚至照单全收而不加扬弃。

当代好课，第一要义是养人。好课宛如春风，所吻之处，"心"机盎然，而这样的"春风"无远弗届，自然也不需要什么中心。一有中心，一运作过头儿，岂不就酿成旋风、飓风了？

上好课为何比骆驼穿过针眼还难

我笃信，卑鄙的心灵不能产生有高度的作品，狭隘的心灵不能产生有广度的作品，肤浅的心灵不能产生有深度的作品；丑陋的心不能产生美感，低俗的心不能产生高级趣味，冷酷的心不能产生真挚的爱。

每节课，难道不是教师的作品？

酬世的文章在手在口，传世的教学在心在魂。教师须有酬世之量、传世之志，方能打造出大气磅礴的作品。

如果说高贵灵魂与卓然精神层面的东西也可以量化，那么非文字莫属。文字不仅是个体生命力，而且是一个民族生命力的表征。

上下五千年，几多疆场鏖战，城头变换大王旗，但只要文字不变，族群永在。

文字属于整个民族。巴黎举世闻名的先贤祠门楣上写着这样一排金字——祖国感谢伟人。这里长眠着伟岸的灵魂与大心——以文字安身立命的作家、诗人与哲学家。不老的文字，始终散发着绵延的魅力与无穷的活力。只有如此高屋建瓴地理解语言文字，才能堪称大情怀。

在我看来，假如两位语文教师才情相等，他们的教学应该由功力见高低；假设两人的才情、功力都一样，他们的教学应该由对语言文字的情怀、境界分上下。

倘若只有乒乓球般的心灵，想收获地球般的作品，简直比骆驼穿过针眼还难，不是吗？

"百合牌" 公开课

兰州的朋友送我一盒土特产——百合，佐以蕨麻熬粥，味道甘醇，黏稠生津。

孩子说，莫夸百合味道好，还是读读毕淑敏的《冻顶百合》再说吧。

这几年，由于百合的食用和药用价值，人们对它的需求越来越大，越来越多的农民开始种百合。百合这种植物，是植物中的山羊。

大家实在没法把娇美的百合和攀爬的山羊统一起来，充满疑虑地看着博士。

博士说：山羊在山上走过，会啃光植被，连苔藓都不放过。所以，很多国家严格限制山羊的数量，因此羊绒在世界上才那样昂贵。百合也需生长在山坡疏松干燥的土壤里，要将其他植物锄净，周围没有大树遮挡……几年之后，土壤沙化，农民就不得不开辟新区种植百合。百合虽好，土地却飞沙走石。

……

从此，我家的花瓶里，再没有插过百合，不管是西伯利亚的铁百合还是云南的豹纹百合。在餐馆吃饭，我再也没有点过"西芹腰果百合"这道菜。在菜市场，我再也没有买过西北出的保鲜百合，那些洗得白白净净的百合头挤压在真空袋子里，好像一些婴儿高举的拳头，在呼喊着什么。

一个人的力量何其微小啊。我甚至不相信，这几年中，由于我的不吃不喝不买，台湾玉山、阿里山上会少种一寸茶苗，西北的坡地上会少开一朵百合，会少沙化一箩黄土。

一节刻意演练的公开课，就像"百合"，由于"好吃好看"，市场的需求量就大，种植的面积就广。殊不知"百合牌"公开课污染的是学生的真纯生态，沙化的是学生的人格土壤。

一个人的力量并不绵薄弱微，我绿色的教学生涯里，绝不种植"百合牌"公开课！那就是100％的成功！

家常课、公开课，各往中间走一步

日日馒头稀饭的家常课，未免单调寡味、营养不全；天天鲍鱼熊掌的公开课，难免营养过剩、消化不良。

家常课、公开课，何不各往中间走一步——形成一种风味独特的"小吃课"。

"小吃课"讲究的是有人、有情、有味。

所谓有人，意味着课堂上要珍视生命，科学"消费"生命。

人，是一种生命现象。生命是一切价值的基础，没有生命，一切都无从谈起。

生命有且只有一次，死后不再复生，生命弥足珍贵，我们没有理由不珍惜生命。珍惜生命，意味着提高生命质量。提高生命质量，就课堂教学而言，就是提高师生共同活动的生命质量。

教学《生命 生命》一课时，对学生生命触动甚微的常规教法，无外乎"熟读课文—理解内容—迁移运用"。有位教师领异标新，突破了常规，他不是照本宣科，一味说教，而是结合学校的地理位置，合理利用周边资源，组织学生亲临有关现场，感受生命。在学校附近的医院产房里，学生看到了来时一丝不挂的婴儿，感受到了新生命降临的喜悦；在社区火化场的炉门前，学生目睹了去时一缕青烟的死者，体悟到了生命消逝的哀恸。悲喜之间，学生真切目睹了生命的原点与终点，内心受到了强烈的震撼，生命有限的意识被深深唤醒，珍爱生命的情怀彻骨彻髓。

每一节课，我们都在对生命刷卡消费，每刷去一秒钟，都永不复回。一天天，一课课，一分分，一秒秒，浑然不觉中，我们便刷去了自己的生命，同时也带领学生刷去了他们的生命。课堂上，我们与学生是同呼吸共命运的生命成长共同体，请各自盘点"刷卡消费"的盈亏，请扪心自问刷得值吗？

所谓有情，意味着课堂上要相互珍爱，珍惜相遇的"课"缘。

人，是一种情感动物。爱，是情感的源泉。每个人都有爱的能力。爱，并不复杂，有时往往就是一个眼神，一个微笑，一句巧言。

"他望了她一眼，她对他回眸一笑，生命突然苏醒。"春满课堂，师生全身心浸透在春光里，眸子闪处，花花草草；笑口开时，山山水水；挥一挥手，心田里到处都播撒着花种。

焚几世香火，才成就一次"课"缘。怀揣一颗圣心在课桌间穿行一生的教师，与学生是三生缘定的有情人，有什么理由不珍惜彼此相遇、相知、相依、相惜的那份"课"缘？

所谓有味，意味着课堂上要健全智力教育，提升灵魂教育

人身上有三样最宝贵的东西：生命、头脑与灵魂。没有生命，一切都是空谈；没有头脑，智力教育无从开展；没有灵魂，人无异于行尸走肉。

健全智力教育的关键在于保护学生的好奇心与培养学生的独立思考能力。

在一个国际夏令营里，教师让孩子们讨论一个问题。题目是"世界粮食匮乏问题"，孩子们都不明白这个题目，但原因各不相同。美国孩子问："什么是世界？"他太狂妄了，美国就是一切，他不知道美国之外有世界。非洲孩子问："什么是粮食？"他太穷了，没有见过粮食。欧洲孩子问："什么是匮乏？"他太富有了，不知道有匮乏这件事情。中国孩子问："什么是问题？"这是讽刺中国孩子没有好奇心，缺乏问题意识。

看一节课究竟有没有"味道"，只要抓住一个教学细节，品一品学生的好奇心有没有得到保护，独立思考的能力有没有得以加强，就知晓了。

一次阅读教学观摩课上，老师绘声绘色地讲解《少年王勃》的"落霞与孤鹜齐飞，秋水共长天一色"——夕阳西下，飘落的晚霞伴着低飞的野鸭，秋水与长天融为一色，多么美丽的画卷啊！

"老师，您讲错了！"一个学生站起来，说，"'落霞'，不是晚霞，而是'零散的飞蛾'。"

老师先是一愣，继而说道："说说你的根据。"

"我课前查过资料。"学生拿出笔记，"宋代吴曾在《能改斋漫录·辨霞鹜》中说，落霞非云霞之霞，盖南昌秋间的一种飞蛾。另外，'落霞'之'落'并不是'飘落'的意思，'落'与'孤'对称，是'零散'之义。零散的飞蛾被孤单的野鸭在水面上追捕，就形成了'落霞与孤鹜齐飞'的千古绝唱。"

"在'落霞与孤鹜齐飞'的理解上，你是我的启蒙老师。"老师郑重地接过学生查阅的资料，读了一遍，又当众背了一遍，然后，真诚地握了握那位学生的手："谢谢你！"

提升灵魂教育的核心，旨在让学生意识到，人是可以让自己的灵魂更高贵的。一个灵魂高贵的人，始终秉持做人的尊严，在任何情况下绝不亵渎人身上的神性。

《丰碑》中，冰天雪地里，那个分管衣物的军需处长，如果多拿一件衣

物暖身就可保命，但他并没有中饱私囊，宁可活活冻死，也不暗暗伸手。

《"你必须把这条鱼放掉！"》中，皎洁明月下，孩子钓到了一条大鲈鱼，尽管那时那地无外人知晓，尽管孩子对鲈鱼爱不释手，但离允许钓鲈鱼的时间还剩下最后两小时，父亲并没有网开一面，而是斩钉截铁地说："你必须把这条鱼放掉！"孩子最终依依不舍地把鱼放了。生命的长河里，该有多少条欲望的鱼啊！欲望之鱼与规则的熊掌可以兼得吗？两相冲突，舍鱼而取规则。在规则面前自觉低头，信守规则看护灵魂花园，永远都是圣洁的。

《把我的心脏带回祖国》中，异国病榻上，弥留之际的肖邦紧紧握住姐姐的手，喃喃絮语："我死后，请把我的心脏带回去，我要长眠在祖国的地下。"怀乡爱国是美学，不是经济学。身为男人，去关心别人的妻子，难！身为女人，去爱别人的子女，难！身为游子，去爱别人的父母，难！身为赤子，去爱别人的国家，难！

平日里，多亲近善知以养深积厚，多阅读经典以变化气质，多提升心灵以融和人我。只有这样，才能成为一个身心健康的人，一个身心放光的人，一个有尊严的人，一个有灵魂的人，一个散发着精神贵族气度、魅力超拔的人！

撕碎你的备课

"爸！吃饭了！"

"好的！再把《晏子使楚》的教案看一遍。"我依然盯着备课，"明天要上公开课。"

"有个视频。"儿子走到我跟前，边说边把优盘递给我，"不知您感不感兴趣？"

我带着好奇打开视频——那是基亭先生在给他的学生上课，学习鉴赏诗。

"各位请翻到课本 21 页的导论。"基亭先生面带微笑，说，"培瑞，请念念前言的第一段'了解诗'。"

"J. 伊凡斯普利查博士说，要完全了解诗，"培瑞高声读道，"首先要熟悉诗的韵律……然后再问两个问题：诗如何技巧地呈现其客观，以及其客观性有多重要。问题一衡量诗的完美程度，问题二衡量其重要性。只要回答这两个问题，就决定了诗的伟大程度。若以诗的完美程度为横轴，其重要性为纵轴，那么计算其所占的面积，便可得到它的伟大分数。一首拜伦的十四行诗，或许在纵轴上得分很高，但在横轴上得分普通，而莎士比亚的十四行诗在横纵轴的得分都很高，因而得到极大的总面积，故显示这首诗真正伟大。"

"鬼话！"基亭先生耸耸肩，两手一摊，道，"这是我对 J. 伊凡斯普利查的看法。现在，我要你们将那一页撕下来！动手啊！将整页撕掉！撕掉！"

达顿同学带头，同学们纷纷撕掉了那一页。

"各位，不只是撕掉这个导论，我要它消失，成为历史，一无所剩。请你们把它揉成一团，丢进垃圾桶。"基亭先生边鼓励边说，"那不是《圣经》，你不会因此下地狱。动手啊！撕干净！我不要任何东西剩下来。不再有 J. 伊凡斯普利查先生的干扰。"

……

儿子优盘里的这段视频犹如醍醐灌顶。次日，我撕碎了备课，撕碎备课里一些根深蒂固的想法，开放了课堂。

"同学们，课文《晏子使楚》引人入胜，请大家冷眼看书，潜心批注，就文中能够触动你思绪的语句，从旁边写下感受，然后交流。"

十分钟后，同学们踊跃发言，交流自己的阅读批注。

"淮南的柑橘，又大又甜。可是橘树一种到淮北，就只能结又小又苦的枳，还不是因为水土不同吗？"李旭声同学说，"它告诉我们，条件改变了，事物的规律也会改变。"

"李旭声同学，佩服你的抽象概括。"我饶有兴趣地问，"生活中，有这样的事例吗？"

"有！"张宇同学倏地起立，娓娓道来，"大家都知道苍蝇是逐臭冠军。但，在风景秀美、环境整洁的澳大利亚，无论是从城市到乡村，还是从山谷到河畔，到处被鲜花和绿色的植被所覆盖。清洁的自然环境改变了苍蝇世代生活在肮脏环境下的生活习惯，苍蝇为了能生存下去，开始了它们的重生之路。苍蝇先是取食植物的浆汁，后来又发展到和蜜蜂一样，采食花蜜，起到和蜜蜂相同的作用，为植物传授花粉。从传播细菌和病毒的有害昆虫到人见人爱的小天使，受到澳洲当地人的喜爱，苍蝇表现出了非凡的生命力和适应环境的能力。为了纪念苍蝇对这个国家做出的贡献，澳大利亚发行的 50 元面值的纸币上还印有苍蝇的形象呢。"

……

撕碎涛声依旧的备课，撕碎机械单向的灌输，撕碎标准唯一的答案，开放课堂，让学生用自己的眼睛看书，用自己的头脑思考，用自己的嘴巴说话。这样，学生学会的就是独立思考与品味语言文字的能力，涵养的是运用文字与思想改变世界的心力。

怎样坐拥生态课堂

不要仅仅翻看所谓的优质教学笔录，也不要仅仅聆听所谓的优质教学录音，更不要仅仅欣赏所谓的优质教学录像，这些东西往往有失偏颇。教师只有身临其境，才能坐拥生态课堂。

有人说，现在三年就有代沟了。假若如此，与学生该有许多个代沟了吧？那么，你我凭什么与学生对话？怎么与学生对话？与学生对什么话？

笑话！

笑话？

笑话。

激光翻页笔一点击，鼠标一晃动，电子课件一页一页精彩纷呈……电子课件灌输更加汹涌澎湃，势不可挡。

一旦电子课件成为灌输的帮凶，电灌就比人灌更便捷、更凶残。

君不见，舞台上歌手装腔作势，惺惺作态，舞台下粉丝荧棒飞舞，如醉如痴。

君不见，讲台上尽管声嘶力竭，重磅轰击，讲台下依旧不动声色，恹恹欲睡。

诚可谓，课堂惨淡舞台新，都是人前卖艺人。君啭珠喉我掉舌，思量当我拜君裙。

当与这段文字对话时，你可能觉得自己越发不懂对话教育了。

这并不意味着你对对话的认识倒退了，而是说明你在对话教育的天地里，又往更深处迈进了一大步。只是，宇宙深深，人性更深。

不是吗？

西南师范大学出版社
《名师工程》系列丛书目录

系列	序号	书　　名	主编	定价
名师教学手记系列	1	《唤醒生命的对话——孙建锋语文教学手记》	孙建锋	30.00
	2	《让作文教学更高效——王学东写作教学手记》	王学东	30.00
思想者系列	3	《回归教育的本色》	马恩来	30.00
	4	《守护教育的本真》	陈道龙	30.00
	5	《教育，倾听心灵的声音》	李荣灿	30.00
	6	《心根课堂——让教育随学生心灵起舞》	刘云生	30.00
	7	《做一个纯粹的教师》	许丽芬	26.00
	8	《率性教书》	夏　昆	26.00
	9	《为爱教书》	马一舜	26.00
	10	《课堂，诗意还在》	赵赵（赵克芳）	26.00
	11	《今日教育之民间立场》	子虚（扈永进）	30.00
	12	《教育，细节的深度反思》	许传利	30.00
	13	《追寻教育的真谛——许锡良教育思考录》	许锡良	30.00
	14	《做爱思考的教师》	杨守菊	30.00
鲁派名校探索者系列	15	《博弈中的追求——一位中学校长的"零"作业抉择》	李志欣	30.00
	16	《大教育视野下的特色课程构建——海洋教育的开发实施》	白刚勋	30.00
鲁派名师探索者系列	17	《追问历史教学之"道"》	钟红军	30.00
	18	《灵动英语课——高效外语教学氛围创设艺术》	邵淑红	30.00
	19	《校园，幸福教育的栖居》	武际金	30.00
	20	《复调语文——尊重生命自我成长的语文教学》	孙云霄	30.00
	21	《智趣数学课——在情感深处激发学生的数学智能》	王冬梅	30.00
	22	《高品位"悦读"——让情感与心灵更愉悦的阅读教学》	马彩清	30.00
	23	《品诵教学——感悟母语神韵的阅读教学》	侯忠彦	30.00
	24	《智趣化学课——在快乐中提升学生的科学素养》	张利平	30.00
名校长核心思想系列	25	《智圆行方——智慧校长的50项管理策略》	胡美山　李绵军	30.0
	26	《做一个智慧的校长》	孙世杰	30.00
	27	《成为有思想的校长》	赵艳然	30.00
名校系列	28	《人本与生本：管理与德育的双重根基》	广州市广外附设外语学校	30.00
	29	《生本与生成：高效教学的两轮驱动》	广州市广外附设外语学校	30.00
	30	《世界视野与现代意识：校本课程开发的二元思维》	广州市广外附设外语学校	30.00
	31	《让每个生命都精彩——生命教育校本实践策略》	王鹏飞	30.00
	32	《好学校，从关注每个学生开始——石梅小学优质教育多元感悟》	顾　泳　张文质	30.00

系列	序号	书 名	主编	定价
高效课堂系列	33	《用什么提高课堂效率——有效数学课必须关注的10大要素》	赵红婷	30.00
	34	《让作文更轻松——小学作文高效教学36锦囊》	李素环	30.00
	35	《让研究性学习更高效——研究性学习施教指导策略》	欧阳仁宣	30.00
	36	《让母语融入学生心灵——提升学生语文素养的高效施教艺术》	黄桂林	30.00
创新班主任系列	37	《班主任专业化成长策略》	杨连山	30.00
	38	《班级活动创新与问题应对》	杨连山 杨照 张国良	30.00
	39	《班集体建设与创新人才培养》	李国汉	30.00
	40	《神奇的教育场——打造特色班级文化创新艺术》	李德善	30.00
教研提升系列	41	《校本教研的7个关键点》	孙瑞欣	30.00
	42	《教师怎样做小课题研究——高效助力教师专业化成长》	徐世贵 刘恒贺	30.00
	43	《今天我们应怎样评课》	张文质 陈海滨	30.00
	44	《今天我们应怎样进行教学反思》	张文质 刘永席	30.00
	45	《一节好课需要的教育智慧》	张文质 姚春杰	30.00
优化教学系列	46	《高效教学组织的优化策略》	赵雪霞	30.00
	47	《高效教学方法的优化策略》	任辉	30.00
	48	《高效教学过程的优化策略》	韩锋	30.00
	49	《让教学更生动——激发兴趣让学生快乐认知》	朱良才	30.00
	50	《让教学更高效——策略创新让教学事半功倍》	孙朝仁	30.00
	51	《让教学更开放——拓展延伸让学生触类旁通》	焦祖卿 吕勤	30.00
	52	《让教学更生活——体验运用让学生内化知识》	强光峰	30.00
	53	《让知识更系统——整合与概括让学生建构体系》	杨向谊	30.00
	54	《让思维更创新——思辨与发散让学生思维活跃》	朱良才	30.00
创新语文教学系列	55	《曹洪彪新概念快速作文》	曹洪彪	30.00
	56	《小学语文:享受对话教学》	孙建锋	30.00
	57	《小学语文:名师教学目标落实艺术》	刘海涛 王林发	30.00
	58	《小学语文:名师魅力教学设计艺术》	刘海涛 王林发	30.00
	59	《小学语文:名师魅力课堂激趣艺术》	刘海涛 豆海湛	30.00
	60	《小学语文:单元整体教学构建艺术》	李怀源	30.00
	61	《小学作文:名师情趣课堂创设艺术》	张化万	30.00
教师成长系列	62	《做会研究的教师》	姚小明	30.00
	63	《学学名师那些事》	孙志毅	30.00
	64	《给新教师的建议》	李镇西	30.00
	65	《教师心灵读本:成为有思想的教师》	肖川	30.00
	66	《教师心灵读本:教师,做反思的实践者》	肖川	30.00
创新课堂系列	67	《个性化课堂教学艺术:小学语文》	商德远	30.00
	68	《如何实现三维目标——让学生与文本共鸣的诵读教学》	张连元	30.00
	69	《想说 会说 有话可说——突破作文瓶颈的三维教学法》	杨和平	30.00
	70	《综合课的整合创新教学》	周辉兵	30.00
	71	《如何打造学生喜欢的音乐课堂》	张娟	30.00
	72	《理想课堂的构建与实施——一个教研员眼中的理想课堂》	张玉彬	30.00
	73	《小学语文:决定教学质量的关键策略》	李楠	30.00
	74	《用〈论语〉思想提升数学教育智慧》	胡爱民	30.00
	75	《童化作文——浸润儿童心灵的作文教学》	吴勇	30.00
名师名课系列	76	《名师如何炼就名课》(美术卷)	李力加	35.00

系列	序号	书　　　名		主编	定价
升师提幼系列	77	《全国优秀幼儿健康教育活动课例评析》	教育部教育管理信息中心		30.00
	78	《全国优秀幼儿艺术教育活动课例评析》	教育部教育管理信息中心		30.00
	79	《全国优秀幼儿社会教育活动课例评析》	教育部教育管理信息中心		30.00
	80	《全国优秀幼儿语言教育活动课例评析》	教育部教育管理信息中心		30.00
	81	《全国优秀幼儿科学教育活动课例评析》	教育部教育管理信息中心		30.00
教师修炼系列	82	《班主任工作行为八项修炼》		杨连山	30.00
	83	《教师心理健康六项修炼》		李慧生	30.00
	84	《教师专业化五项修炼》		杨连山　田福安	30.00
	85	《课堂教学素养五项修炼》		刘金生　霍克林	30.00
	86	《高效教学技能十项修炼》		欧阳芬　诸葛彪	30.00
	87	《教师新师德六项修炼》		王毓珣　王　颖	30.00
教学创新数学系列	88	《小学数学：名师教学目标落实艺术》		余文森	30.00
	89	《小学数学：名师高效教学设计艺术》		余文森	30.00
	90	《小学数学：名师易错问题针对教学》		余文森	30.00
	91	《小学数学：名师魅力课堂激趣艺术》		余文森	30.00
	92	《小学数学：名师同课异教》		林高明　陈燕香	30.00
	93	《小学数学：名师抽象问题艺术教学》		余文森	30.00
教育心理系列	94	《做最好的心理导师——中学生心理健康咨询手册》		杨　东	30.00
	95	《每天学点教育心理学》		石国兴　白晋荣	30.00
	96	《学生心理拓展训练与指导》		徐岳敏	30.00
	97	《好心态成就好学生——学生心理问题剖析与对症教育》		李韦遴	30.00
教育通识系列	98	《用心做教师——青年教师快速成长的十大定律》		王福强	30.00
	99	《做最受学生欢迎的老师》		赵　馨　许俊仪	30.00
	100	《做有策略的校长——经典寓言与学校管理智慧》		宋运来	30.00
	101	《做有策略的教师——经典故事中的教育启示》		孙志毅	30.00
	102	《从学生那里学教书》		严育洪	30.00
	103	《突破平庸——提升教育质量的31个跳板》		严育洪	30.00
	104	《教育，诗意地栖居》		朱华忠	30.00
	105	《好班规打造好班级》		赵　凯	30.00
	106	《做学生成长的引领者——学生终身成长的素质培养》		田祥珍	30.00
	107	《如何管出好班级——突破班级管理的四大瓶颈》		刘令军	30.00
	108	《青春期性教育教师实用手册》		闫乐夫	30.00
教育细节系列	109	《名师最具渲染力的口才细节》		高万祥	30.00
	110	《名师最有效的沟通细节》		李　燕　徐　波	30.00
	111	《名师最有效的激励细节》		张　利　李　波	30.00
	112	《名师培养学生好习惯的高效细节》		李文娟　郭香萍	30.00
	113	《名师人格教育的经典细节》		齐　欣	30.00
	114	《名师营造课堂氛围的经典细节》		高　帆　李秀华	30.00
	115	《名师最有效的赏识教育细节》		李慧军	30.00
	116	《名师最有效的批评细节》		沈　旎	30.00
名师讲述系列	117	《施教先施爱——名师讲述班主任的核心教导力》		杨连山　魏永田	30.00
	118	《在欢乐中成长——名师讲述最具活力的课堂愉快教学》		王斌兴	30.00
	119	《让学生做自己的老师 ——名师讲述如何提升学生自主学习能力》		徐学福　房　慧	30.00
	120	《引领学生高效学习 ——名师讲述如何提高学生课堂学习效率》		刘世斌	30.00
	121	《教育从心灵开始——名师讲述最能感动学生的心灵教育》		张文质	30.00

系列	序号	书 名	主编	定价
教育管理力系列	122	《名校激励管理促进力》	周 兵	30.00
	123	《名校安全管理执行力》	袁先潋	30.00
	124	《名校师资团队建设力》	赵圣华	30.00
	125	《名校危机管理应对力》	李明汉	30.00
	126	《名校校本研究创新力》	李春华	30.00
	127	《学校文化力建设策略》	袁先潋	30.00
	128	《名校长核心教育力》	陶继新	30.00
	129	《名校长高绩效领导力》	周辉兵	30.00
	130	《名校行政管理细节力》	杨少春	30.00
	131	《名校教学管理提升力》	张 韬 戴诗银	30.00
	132	《名校学生管理教导力》	田福安	30.00
	133	《名校校园文化构建力》	岳春峰	30.00
大师讲坛系列	134	《大师谈教育心理》	肖 川	30.00
	135	《大师谈教育激励》	肖 川	30.00
	136	《大师谈教育沟通》	王斌兴 吴杰明	30.00
	137	《大师谈启蒙教育》	周 宏	30.00
	138	《大师谈教育管理》	樊 雁	30.00
	139	《大师谈儿童人格塑造》	齐 欣	30.00
	140	《大师谈儿童习惯培养》	唐西胜	30.00
	141	《大师谈儿童能力培养》	张启福	30.00
	142	《大师谈早恋与性教育》	闵乐夫	30.00
	143	《大师谈儿童情感教育》	张光林 张 静	30.00
高中新课程系列	144	《高中新课程：教师角色转变细节》	缪水娟	30.00
	145	《高中新课程：班主任新兵法细节》	李国汉 杨连山	30.00
	146	《高中新课程：教学管理创新细节》	陈 文	30.00
	147	《高中新课程：更有效的评价细节》	李淑华	30.00
教学新突破系列	148	《把教学目标落实到位——名师优质课堂的效率管理》	冯增俊	30.00
	149	《拿什么调动学生——名师生态课堂的情绪管理》	胡 涛	30.00
	150	《零距离施教——名师和谐师生关系的构建艺术》	贺 斌	30.00
	151	《一个都不能落——名师提升学困生的针对教学》	侯一波	30.00
	152	《让学习变得更轻松——名师最能吸引学生的情境设计》	施建平	30.00
	153	《让知识变得更易学——名师改造难学知识的优化艺术》	周维强	30.00
教学提升系列	154	《方法总比问题多——名师转变棘手学生的施教艺术》	杨志军	30.00
	155	《用特色吸引学生——名师最受欢迎的特色教学艺术》	卞金祥	30.00
	156	《让学生爱上课堂——名师高效课堂的引导艺术》	邓 涛	30.00
	157	《拿什么打开思路——名师最吸引学生的课堂切入点》	马友文	30.00
	158	《没有记不牢的知识——名师最能提升学生记忆效果的秘诀》	谢定兰	30.00
	159	《让学生的思维活起来——名师最激发潜能的课堂提问艺术》	严永金	30.00